A ELOQUÊNCIA DO SILÊNCIO

THOMAS MOORE

A ELOQUÊNCIA DO SILÊNCIO

ENCONTRANDO SABEDORIA NO VAZIO

EDITORA ALAÚDE
Rio de Janeiro, 2024

A eloquência do silêncio

ISBN: 978-85-7881-765-7

Impresso no Brasil — 1ª Edição, 2024 — Edição revisada conforme o Acordo Ortográfico da Língua Portuguesa de 2009.

Dados Internacionais de Catalogação na Publicação (CIP)
(BENITEZ Catalogação Ass. Editorial, MS, Brasil)

M813e
1.ed. Moore, Thomas, 1779-1852
A eloquência do silêncio / Thomas Moore ; tradução Edite Siegert. - 1.ed. - Rio de Janeiro : Alaúde, 2024.
208 p.; 15,7 x 23 cm.

Título original: The eloquence of silence.
ISBN 978-85-7881-765-7

1. Desenvolvimento pessoal. 2. Espiritualidade. 3. Meditação. 4. Reflexões. 5. Vida espiritual. 6. Zen Budismo. I. Siegert, Edite. II. Título.

05-2024/24 CDD 291.4

Índice para catálogo sistemático:
1. Desenvolvimento pessoal : Reflexões : Espiritualidade 291.4

Aline Graziele Benitez - Bibliotecária - CRB-1/3129

Produção Editorial: Grupo Editorial Alta Books
Diretor Editorial: Anderson Vieira
Editor da Obra: Ibraíma Tavares
Vendas Governamentais: Cristiane Mutüs
Gerência Comercial: Claudio Lima
Gerência Marketing: Andréa Guatiello

Produtora Editorial: Gabriela Paiva
Tradução: Edite Siegert
Copidesque: Rafael Surgek
Revisão: Karina Pedron
Diagramação: Joyce Matos

ALTA BOOKS
GRUPO EDITORIAL

Rua Viúva Cláudio, 291 — Bairro Industrial do Jacaré
CEP: 20.970-031 — Rio de Janeiro (RJ)
Tels.: (21) 3278-8069 / 3278-8419
www.altabooks.com.br — altabooks@altabooks.com.br
Ouvidoria: ouvidoria@altabooks.com.br

Editora **afiliada à:**
ASSOCIADO

Às aves canoras do lago Thorndike

Estamos cercados por mistérios abundantes e férteis. Não podemos explorá-los, espiá-los, ocupar-nos deles um pouco?

Henry David Thoreau

SUMÁRIO

Introdução

Eu tinha acabado de publicar *Cuide de Sua Alma* e era esperado para falar a respeito em uma pequena livraria pouco conhecida em Portland, Oregon. Era uma viagem importante para mim, a primeira de minha carreira como escritor, e bem distante de minha casa na Nova Inglaterra. E também foi duas semanas antes de meu casamento, e usei um terno novo, o único que tinha, sem ter ideia de como deveria me vestir, mas querendo causar uma boa impressão.

Na época, eu teria ficado feliz se meu livro vendesse mil cópias, visto que eu tinha pouca esperança de que seria um sucesso. Eu já tinha escrito quatro livros que, juntos, venderam cerca de quinhentos exemplares. Com certeza, meu editor ficaria desapontado com este.

Cheguei à livraria com meia hora de antecedência. Fiquei surpreso com seu tamanho pequeno e ao descobrir que era mais uma loja de presentes com alguns livros em algumas estantes distribuídas aleatoriamente. O dono esperava por mim, sozinho, e pareceu surpreso por eu ter feito a longa viagem só para estar em sua loja fora do caminho. Ele convidou-me a sentar e esperar, pois as pessoas costumavam se atrasar um pouco para ouvir os autores.

Sentei-me em um banco de madeira, para só depois descobrir que tinha sido envernizado recentemente, manchando as costas de meu único terno, que pretendia usar no casamento. Mas eu esperei. E esperei. Depois de meia hora, o tempo destinado à minha apresentação, o dono sugeriu que eu voltasse ao hotel, pois era evidente que ninguém apareceria.

Não fiquei muito decepcionado, pois minhas expectativas eram baixas, mas voltei ao hotel devagar, pensando que estava certo, que meu tipo de texto não tinha aceitação e que eu teria que me acostumar a livrarias vazias e donos não impressionados. Pensei em outras formas de ganhar a vida e me pus a pensar em meu trabalho.

Mas na noite seguinte, na próspera livraria Elliott Bay, em Seattle, cerca de duzentas pessoas apareceram, barulhentas e entusiasmadas, e eu descobri que podia fazer números de comédia como parte de minha apresentação. Vendi uma tonelada de cópias e este livro, *Cuide de Sua Alma*, foi lido por milhões de pessoas em todo o mundo.

Esta é uma história sobre o vazio. Não o zero absoluto ou o nada, mas uma particularidade que alivia o excesso de controle, literalismo e egoísmo em qualquer atividade. Aquela noite de vazio em Portland ensinou-me a não me prender ao sucesso óbvio e literal, mas a permanecer indiferente a como meu trabalho é recebido, a valorizar minhas criações, quer as pessoas apareçam ou não para manifestar sua aprovação. Foi uma lição que, na filosofia indiana, é conhecida por *sunyata*, um vazio especial, profundo, espiritual e significativo, uma ideia a ser estudada e contemplada, algo misterioso que é o foco do grande Sutra do Coração e as muitas páginas de escritos teóricos do sábio Nagarjuna, uma atitude e até um estilo de vida que exalta o desprendimento e a mente aberta.

Este é um livro sobre histórias e pensamentos tradicionais sobre o vazio. Coletei histórias em tradições espirituais, contos populares, literatura e em minha vida, refletindo como cada uma se relaciona à nossa vida diária. Histórias de potes vazios, dedos sem adornos, arcos sem flechas e um sepulcro vazio sugerem uma ampla ideia espiritual e filosófica de vazio. Minha livraria vazia é apenas mais um exemplo entre muitos.

Depois de ler este livro, talvez você note situações comuns de vazio em cada aspecto de sua vida e veja através do fato literal o mistério, a poesia de uma caixa vazia, uma cadeira de teatro vazia ou um silêncio vazio em uma sala lotada. Talvez você permita a entrada do vazio em várias formas de sua vida, à medida que desperta para inexplicadas fontes de significado. É assim que vejo o vazio espiritual: uma forma de se abrir e despertar e levar a vida a sério, mas com leveza.

O vazio não é um conceito popular na vida moderna, que quer preencher qualquer sinal de ignorância com informações e abarrotar o mundo com novos produtos. O esvaziamento parece inútil e contraproducente, o que ele é, de certa forma. Talvez criemos coisas em excesso e usemos palavras demais e até pensemos uma exorbitância de pensamentos. A livraria vazia em Portland me ensinou uma lição importante. Aprendi como viver com o nada e levar o que o romancista Philip Roth chamou de "a mancha humana," o pecado original, a imperfeição humana. Há um poder na vida que nos esvaziará por completo, não importa o quanto nos esforcemos para sermos perfeitos.

Quando você perde o emprego, um cônjuge ou amigo, sente o vazio por muito tempo depois, talvez para sempre. Esse sentimento de perda pode encobrir um esvaziamento filosófico mais profundo, a descoberta de que a vida em si muitas vezes é vazia e que, geralmente no vazio, encontramos uma nova vida. É possível encontrar um ponto de luz nas emoções sombrias que o vazio traz.

É possível aprender a apreciar o vazio e torná-lo parte de sua experiência diária. Ele pode lhe dar paz e conforto, especialmente quando a vida é intensa e ativa. Ele equilibra qualquer tendência de fazer demais ou até de pensar, ou sentir demais.

Claro, o vazio espiritual vai muito além. As suas crenças e valores têm um núcleo vazio. Não podemos ficar presos demais a eles, entendê-los literal ou seriamente demais. O vazio permite que você avance e continue flexível. Você se abre aos pensamentos e valores dos outros e se prepara para mudar e se desenvolver.

Talvez você tenha que se esvaziar de certas influências paternas e familiares que não mais lhe servem como um adulto que vive a própria vida. Talvez tenha que abandonar "verdades" que aprendeu na escola, na igreja ou com a comunidade que o cerca. Algumas regiões são conhecidas por se apegarem a opiniões e valores ultrapassados. Finalmente, talvez você tenha que se esvaziar de algumas de suas ideias e crenças apreciadas há muito, e esse processo pode ser difícil e doloroso.

Podemos encontrar tanta libertação em nossa vida diária ao incluir o vazio em tudo que fazemos que o considero o principal meio de atingir o sentido das coisas. Geralmente, a cultura moderna não compreende o papel do vazio na vida e, assim, talvez tenhamos que resistir a pressões à nossa volta para preencher freneticamente todos os minutos com atividades, explicações ou objetivos. Dessa forma, primeiro resistimos a qualquer tentação de sermos hiperativos e então usufruímos a calma que vem ao deixar as coisas tomarem seu rumo.

O Anel Ausente

Nasrudin era líder espiritual e professor num pequeno vilarejo. Era reverenciado e respeitado como um mulá, embora fosse bastante incomum e imprevisível.

Certo dia, um homem do vilarejo com muitas virtudes procurou Nasrudin com uma novidade.

— Meus negócios exigem que eu me mude para uma cidade distante, e sinto ter que deixar nosso lindo vilarejo e os benefícios de tê-lo como guia espiritual e professor — disse ele a Nasrudin.

O respeitado professor pareceu triste e disse:

— Sinto muito em vê-lo partir. Espero que possa manter contato conosco, comigo.

— Não sei como vai ser morar longe — disse o homem. — Mas tive uma ideia. Há muito admiro o maravilhoso anel que o senhor usa no dedo da mão direita e pensei que se o desse *para mim, sempre que eu olhasse para a minha mão e visse o anel, pensaria no senhor.*

Bem, Nasrudin tinha suas virtudes e seus defeitos. Não gostava de se separar de coisas que lhe eram preciosas.

— Tenho uma ideia melhor — retrucou. — Por que eu não fico com o anel? Assim, sempre que você olhar para a sua mão e vir que o anel não está ali, pensará em mim.

Esta é uma história perfeita sobre o vazio. Em vez de ver algo, você não vê nada, e esse nada é significativo. A atitude do homem do vilarejo é normal: ele está prestes a perder contato com seu mestre e então procura alguma coisa. É assim que lidamos com a mudança e a perda. Procuramos algo, qualquer coisa, para preencher o espaço.

Mas Nasrudin é mais esperto do que aparenta. Ele mostra a importância da astúcia e do humor no ensino de paradoxos. Vem com uma ideia melhor, ao enxerga valor no potencial para o vazio que observa no vizinho. Ele também percebe que, ao apresentar o vazio de maneira positiva, desenvolve o relacionamento professor-aluno. O dedo vazio, imperceptível, sem anel, é a solução perfeita.

Isso leva a questões mais amplas: Que lugar o vazio ocupa em nossos relacionamentos? Às vezes, é melhor não demonstrar sinais físicos de proximidade e amor? É bom duvidar da devoção da pessoa amada? As coisas que usamos para expressar nosso amor atrapalham? Você dá presentes caros no aniversário de casamento ou no Dia de São Valentim[1]. Seria melhor encontrar um não presente, um presente vazio, um que não custe muito ou não custe nada, que não seja tradicional, que não transmita uma mensagem óbvia?

Um dos melhores presentes que dei no Dia de São Valentim à minha família foi um livreto que eu mesmo fiz com traduções de poemas de Rainer Maria Rilke com breves comentários. Não custou quase nada. Era inútil. Poucos apreciariam o seu valor, exceto minha família e uns poucos amigos. Era extremamente simples. Fiz cinco cópias. Não tinha finalidade comercial. O projeto estava repleto do vazio, mas causava satisfação! Era tão vazio que nunca o esqueci, tampouco superei o prazer em dá-lo.

Tento viver pela regra de Nasrudin: não se desfaça do anel em seu dedo. Deixe que a outra pessoa encontre significado no vazio que vem de você não dar demais e conservar o que é importante. Dar pode ser generoso por fora e egoísta por dentro. Podemos obter imensas recompensas emocionais ao dar muito, mas, no fim, o egoísmo oculto pode arruinar a amizade.

Esta é apenas uma explicação para esse tipo de vazio, em especial, e tenho certeza de que há muitas outras. No verdadeiro vazio, as explicações não são necessárias, nem desejadas. Como veremos repetidas vezes, o vazio em si deve ser mantido vazio.

Crie uma regra geral: aprecie o vazio sempre que o encontrar. Um amigo falta a um jantar em um restaurante. Você fica olhando para a cadeira vazia. Transforme a sua frustração em meditação

1 Comemorado no Brasil como Dia dos Namorados, os Estados Unidos e vários outros países celebram o amor, não apenas entre casais, mas entre amigos e pessoas queridas. [N. da T.]

sobre o vazio. Observe o que ocorre quando aceita a cadeira vazia em vez de amaldiçoá-la. Você se depara com demonstrações ilimitadas de vazio todos os dias. Primeiro, permita o vazio e resista às tentações de preenchê-lo. Segundo, contemple o novo tipo de vazio que apareceu e aprenda com ele. Deixe que ele desperte a sua imaginação para que você possa encontrar um vazio mais intenso e profundo em todos os aspectos de sua vida.

A Flecha Invisível

Harakura era o professor-chefe de arco e flecha no Japão e atraía muitos alunos de todo o país e até de lugares distantes. Sua habilidade com o arco e a flecha era famosa, e quem queria aprender essas técnicas ia aprender com ele.

Certa tarde, após uma longa aula de três horas, Harakura guardava seu equipamento quando um novo aluno se aproximou.

— Mestre — ele disse —, fiquei muito impressionado com suas habilidades e os ensinamentos de hoje e gostaria de saber se conhece o mestre arqueiro que mora no alto do monte Kahajaru.

— Não, nunca ouvi falar dele — respondeu o mestre, intrigado.

— Ouvi dizer que ele é o melhor arqueiro do mundo — disse o aluno. — Acho que seria interessante levar a turma para o alto dessa montanha para observar a destreza desse talentoso arqueiro.

— Certamente — concordou Harakura. — Uma ótima ideia. Entrarei em contato com ele, e talvez possamos viajar na próxima semana.

Assim, na semana seguinte, Harakura reuniu seus alunos para se prepararem para a jornada.

— Acho que, se houvesse um arqueiro altamente habilidoso na vizinhança, eu teria ouvido falar dele — disse ele. — Mas, claro, estou disposto a levar a classe para o alto da montanha para procurar o mestre arqueiro. Se não ficarem impressionados, como acho que não ficarão, sejam gentis com ele e, também, com quaisquer alunos que ele esteja treinando.

Então o grupo partiu, entusiasmado, em direção à montanha e à improvável descoberta de um professor que poderia ser melhor do que o próprio reverenciado Harakura.

Chegaram ao sopé da montanha, tão alta, que atingia o céu naquele dia, seu cume atravessava as nuvens. Quando chegaram perto do topo, ouviram conversas e encontraram um velho homem ensinando um grupo de cinco ou seis alunos. Ele tinha nas mãos um maravilhoso arco esculpido em madeira e se reclinava para trás, mirando um ponto obviamente bem alto no céu. O fato estranho era que ele não tinha uma flecha, apenas o arco. Harakura ia perguntar sobre a flecha ausente quando o mestre disse aos alunos que ficassem em completo silêncio. Ele apontou para um grande pássaro que voava no alto. Então puxou o arco com todas as forças, contraindo o braço direi-

to, de modo que se podiam ver as veias saltadas sob a pele. Naturalmente, não havia nada para puxar — nenhuma flecha, apenas dedos retesados em uma corda esticada. Ele soltou o dedo de repente, e, um instante depois, o pássaro caiu do céu. Todos, até Harakura, ficaram admirados com sua habilidade e perguntaram ao velho homem se poderiam estudar com ele.

Este conto sobre o arco vazio trata de um tipo especial de arma e sugere como exercitar o poder e ser eficiente no mundo.

Às vezes, por exemplo, é melhor se calar do que falar. Alguém o critica e espera uma resposta defensiva, mas você não diz nada. Você não está sendo passivo ou fraco, porque é necessário força considerável e uma habilidade especial para ficar quieto. Vamos chamá-la de "a arte de calar", "a arte de não ser convencido a agir" ou "a arte de usar armas poderosas, porém invisíveis".

Muitas pessoas frequentemente falam demais. Elas dizem coisas que magoam quando deveriam ter ficado quietas. Não falar é uma arte que deve ser dominada. Como terapeuta, tornei-a parte do meu método. Treinei para não falar, mesmo quando a situação pede algumas palavras.

Às vezes, sinto-me tentado a dar conselhos, falar sobre mim ou explicar uma situação. Mas sei que, geralmente, essas ações não são muito úteis, se é que em algum momento são. Às vezes, é melhor oferecer ao paciente a chance de refletir e também aprender comigo que falar não é tão importante quanto se acredita. Não falar pode ser exatamente o que é necessário. Palavras não escutadas muitas vezes atingem o alvo.

Na arte da conversa profunda, aprender a ficar em silêncio é outra habilidade valiosa. Talvez você sinta alguma tensão e fique tentado a preencher o espaço vazio com palavras, quaisquer que sejam. Pergunte-se: *Você tem firmeza para ficar calado?* É possível descobrir que uma pausa numa conversa consegue mais que muitas palavras.

De modo geral, você pode aprender a não fazer demais ou usar suas ferramentas com sutileza. É mais eficaz usar poucas palavras num e-mail ou numa carta, ou simplesmente não escrever. Talvez você não precise de todos os vários métodos de comunicação à sua disposição.

Como escritor, sei que uma das melhores coisas que posso fazer para melhorar um texto é relê-lo e cortar as palavras desnecessárias. Normalmente fico chocado o quanto esse exercício simples diminui o livro e deixa a leitura mais clara. Esvaziar é uma estratégia valiosa em muitos tipos de trabalho. Usa-se o nada para atingir resultados excelentes.

Não fazer nada, não se explicar, não se defender, não mostrar nenhum sinal externo de seus sentimentos interiores — tudo isso são formas de usar um arco sem flecha e celebrar o vazio sagrado. É possível chegar a um ponto em que se aprecia a ausência mais que a presença e o silêncio mais que a necessidade de falar. Você pode não dispor de "armas" e extrair grande poder desse vazio. E será então reconhecido como uma pessoa com habilidades invisíveis peculiares.

Você também pode liderar sem sinais de liderança, ensinar ajudando os alunos a serem autodidatas, ser um homem de negócios sem tornar o lucro seu objetivo principal. O vazio é abundante e promove a vida.

Portas e Janelas

Um cubo de roda pode ter trinta raios,
mas é o orifício no centro que a faz andar.
Transforme argila em um pote,
e é o seu vazio que o tornará útil.
Abra espaços para portas e janelas em um aposento,
e essas aberturas o tornarão habitável.
Você recebe algo que está presente,
mas se beneficiará realmente do que está ausente.
Tao Te Ching

Durante muitos anos, mantive esse ensinamento do livro *Tao Te Ching* no primeiro plano de minha mente. Para mim, é uma das imagens mais convincentes do vazio. Janelas em uma casa a tornam bonita e habitável, certamente tanto quanto paredes e pisos. E o que seria uma casa sem o espaço aberto das portas?

Eu me inspiro a permitir espaços vazios em toda a minha vida: momentos para não fazer nada, lacunas na agenda do dia, não ir a um lugar a que fui convidado e encorajado a ir, recusar uma oferta de emprego. Estas são as janelas e portas de minha vida. Por causa dessas passagens vazias, vejo coisas que, de outra forma, estariam ocultas, ou visito lugares normalmente inacessíveis.

Se você preencher a sua vida, não acontecerá nada inesperado. Não fará novas descobertas e terá poucas surpresas e revelações.

Se lotar a sua agenda, quando aparecer uma oportunidade proveitosa, terá que dizer não. Se não deixar nada ao acaso, não haverá oportunidades inesperadas. Se a sua mente está fechada ao que é valioso, não aprenderá a enriquecer e tornar a sua vida mais complexa.

Algumas pessoas presumem que a vida não lhes dá novas chances de enriquecimento quando, na verdade, suas portas estão fechadas ou até seladas. Talvez elas tenham se esquecido de colocar portas na estrutura de sua vida. A vida de algumas pessoas é tão fechada pelos preconceitos das famílias, da igreja ou da sociedade que não conseguem reagir com liberdade ou gerar novas ideias. Na verdade, elas não têm janelas na morada de sua alma que lhes permitam ver o mundo no exterior e vislumbrar novas possibilidades.

Planeje e construa espaços vazios com antecedência para quando a oportunidade chegar, você possa vê-la e mover-se livremente. Se tiver muitas janelas e portas, surgirão muitas novas experiências em sua vida e você viverá acontecimentos enriquecedores. Pessoas chegarão e partirão, e novas ideias surgirão e desaparecerão.

Você tem espaços emocionais que precisam de luz, ar e visitas espontâneas a amigos. Talvez você feche seu espaço psíquico por medo ou por nunca ter considerado a importância de portas e janelas em sua vida. Esse espaço em sua agenda pode não ser uma brecha à espera de ser preenchida, mas sim uma janela ou uma porta que ficará melhor se deixada aberta.

Várias pessoas me contaram sonhos com portas ou janelas apenas entreabertas. Elas têm medo de que alguém mau possa entrar. Mas acho que o sonhador, muitas vezes, está errado. Seu medo pode ser ligeiramente paranoico. Talvez ele precise que alguém invada seu espaço e traga vida nova. Talvez a janela e a porta entreabertas sejam uma bênção, não uma ameaça.

O Prato Vazio

Nasrudin jantava com um grupo de amigos na casa de um líder cívico rico e poderoso. Era evidente que o anfitrião competia por atenção e observava Nasrudin atentamente. Os criados trouxeram uma bandeja com melões grandes e suculentos para a sobremesa, e os dois homens ilustres comeram com gosto.

Mas o anfitrião invejoso pegou seu prato com cascas de melão e, quando Nasrudin estava distraído, empilhou-as no prato do convidado.

— Você é um glutão — disse ele a Nasrudin. — Veja quantos melões você comeu.

Contudo, Nasrudin apontou para o prato vazio do anfitrião e retrucou:

— Bem, pelo menos não comi as cascas.

O prato vazio desta história conta toda uma saga sobre inveja e maldade. Nasrudin consegue "lê-la" e compreende que a artimanha do anfitrião visava abalar sua reputação. Aqui, o prato vazio não significa vazio espiritual, mas o oposto, o nada total, o ardil e a trama do anfitrião. Este poderia se beneficiar do verdadeiro vazio, mas, em vez disso, esvazia seu prato de modo neurótico a fim de macular a imagem de Nasrudin. O gesto desonesto é a forma negativa e mesquinha do vazio que lhe falta.

O pseudovazio é abundante no mundo. As pessoas fingem ser altruístas quando, secretamente, servem a si mesmas. As empresas gabam-se do quanto doam à caridade sem mencionar as isenções de impostos com que se beneficiam e o quanto seus lucros são maiores que as doações. A publicidade alega o quanto os produtos são excelentes, mas todos sabem que, no mínimo, estão exagerando. Nosso mundo comercial amadureceria e até prosperaria caso se esvaziasse de seu autointeresse velado. Em um nível profundo, seria útil aos negócios se libertarem das manipulações generalizadas, pois, no final, a honestidade vence.

Claro, não podemos encarar essa reclamação com simplicidade. A publicidade e a apresentação de produtos exigem imaginação e um certo grau de exagero. Seu objetivo é lhe vender bens. A linha entre a persuasão e a manipulação é tênue e, muitas vezes, é ultrapassada, além do que é ético e decente. Não sugiro perfeição, mas apenas um movimento em direção ao vazio sagrado.

O pseudovazio pode parecer altruísmo e generosidade. Você se esvazia em prol do outro e finge ser generoso quando não o é. Uma pessoa pode se considerar altruísta, mas está enganada. Seu comportamento e seus motivos não correspondem aos seus ideais.

Você pode até se esforçar para ser generoso e aceitar o sucesso do outro, mas ainda pode acabar sentindo uma ponta de inveja. Essa leve dor indica que ainda há um caminho a percorrer para atingir o vazio. Você não tem o mesmo que um amigo e, em certo sentido, está vazio, mas esse vazio é como o anfitrião de Nasrudin tentando enganar a todos com seu prato vazio. Ele não está realmente vazio, e o de Nasrudin não está realmente cheio. A sensação de vazio pode ser uma ilusão. É preciso procurar sob a superfície.

Na história dos melões, Nasrudin não faz papel de vítima e expõe a ilusão de modo divertido. Ele é perspicaz ao modificar a trama do outro homem para desvendá-la. Demonstra que, quando se trata de ética e virtudes espirituais, é importante usar a esperteza e a imaginação. Os antigos gregos chamariam a isso de o espírito de Hermes, que pode ser especialmente importante quando há uma grande dose de virtuosidade no ar. Você mostra a falsa devoção e usa a perspicácia para expor extremos de postura espiritual, mas sem moralizar.

O prato do anfitrião é repulsivo, o de Nasrudin, simples e inequívoco, vazio, apesar da aparência.

O Saco Furado

O reino é como uma mulher que carrega um saco cheio de grãos. Enquanto andava ao longo de uma estrada longe de casa, abriu-se um buraco no fundo do saco e os grãos caíam no chão atrás dela. Ela não notou o que acontecia e, quando chegou em casa, colocou o saco no chão e descobriu que estava vazio.

O Evangelho de Tomé

Esta bela história de um dos primeiros evangelhos conta, em forma de parábola, como é o reino do céu, o novo modo de vida ensinado por Jesus. Ela não está repleta de poder, autoridade e riquezas; é como um saco furado que foi esvaziado durante uma longa jornada. O ideal descrito por Jesus nesta história não é uma religião mundial rica e altamente estruturada, mas uma pequena mudança na imaginação que poderia transformar o planeta. Um nada em si, mas dá a tudo sua perfeição.

Se você pensar nas simples palavras de abertura deste conto, "O reino é como...", a história é chocante. Você espera um reino repleto de árvores carregadas de frutos, animais tranquilos e seres humanos virtuosos. Mas lá está uma mulher carregando um precioso saco de grãos nutritivos, rasgado e vazio. Para encontrar esse reino desejado, você perde coisas que lhe são preciosas. Mesmo crenças valiosas devem ser removidas se quiser viver em uma comunidade dedicada ao amor.

Jesus oferece outras imagens de esvaziamento: "os primeiros serão os últimos", "venda o que tem e dê tudo aos pobres", "aquele que nada tem perderá o que tem". Essa é uma lição essencial para todos os líderes, mas especialmente aos mestres espirituais e organizadores comunitários. Você só pode realizar seu trabalho quando é o servo, o mais insignificante dos membros, e nunca esquece que também é um seguidor. No momento em que você sentir que está acima da pessoa ao seu lado, lembre-se da mulher parada em sua casa com o saco vazio. Ela não tem o grão esperado, mas tem o segredo de um mundo de amor. Ela sabe que tudo que fizer deverá ser esvaziado do autointeresse.

Um bom líder se identifica com seus seguidores e alunos e resiste à tentação de buscar as satisfações do ego. Em especial, eles não compensam a falta de autovalor com a exploração do papel de liderança para obter ganhos emocionais. Nada é mais obsceno e contraditório do que relatos de líderes espirituais consagrados que tiram vantagem sexual dos alunos. Mas há meios mais sutis de afirmar seu domínio sobre os seguidores e alimentar sua superioridade.

As histórias que Jesus nos conta e as contadas sobre ele muitas vezes contêm imagens poderosas de vazio. A história dos pães e dos peixes também é uma metáfora. Quando não se tem nada além de migalhas, você será suprema e milagrosamente alimentado. Quando seu barco de pesca está vazio depois de uma noite de pescaria, simplesmente lance a rede do outro lado e, de repente, ela ficará cheia. O vazio e a plenitude estão surpreendentemente próximos. Eles estão de cada lado do seu barco. Se você quer plenitude, terá que começar com o vazio.

Uma palavra-chave descreve o papel de Jesus como modelo para o ser humano aperfeiçoado: *kenosis*, ou "esvaziamento". Ele se esvaziou por completo para ficar totalmente receptivo aos planos de seu Pai. Também podemo-nos esvaziar nesse sentido e permitir que a vida nos molde e transforme no que profundamente queremos ser. Em um estado de *kenosis*, não é preciso planejar nem controlar nada, mas permitir uma mudança e transformação constante. Esvazie-se de seus planos e agendas e, assim, ficará aberto aos desejos do Pai e aceitará o projeto que a vida tem para você. O Pai é o logos da vida, sua ordem universal e seu papel no projeto mais amplo.

Imagine que pretenda contar a alguém a sua visão do futuro, uma utopia, um experimento grandioso para o bem da humanidade e dissesse que a imaginou como um saco furado. Imagine um líder mundial esvaziando-se para ter o bem-estar de seu povo em mente. Imagine um pai tão vazio que ajudaria o filho a encontrar seu destino, e não apenas o que ele quer. Imagine amantes se esvaziando para sempre pensar no relacionamento em vez de nas próprias necessidades.

Esta história fala do autoesvaziamento ao longo do tempo, não intencional, mas por acidente ou sorte. Os antigos gregos diriam que esse esvaziamento é obra do Hermes, o Ladrão, o princípio da vida que rouba de nós para o nosso bem. Podemos perder a saúde, um relacionamento importante, um objeto estimado, um projeto planejado. A maioria de nós sempre perde algo precioso. Parece que todos os dias somos esvaziados de algo, à medida que a *kenosis* governa a nossa vida.

A mulher da história perdeu o que lutou para conseguir e o que esperava ter em casa. Imagine seus pensamentos e sentimentos ao descobrir o buraco no saco. Você já teve algo precioso que, de repente, começou a escapar? Um emprego que não mais satisfaz, um relacionamento que não traz mais alegria, um talento que não é mais tão notável como antes, um sucesso que lentamente se transforma em fracasso. Esse tipo de esvaziamento pode levá-lo à descoberta de um amor mais profundo, a uma maior empatia em relação aos outros, ou uma forma mais generosa e satisfatória de participar da sociedade. Quando você sentir o vazamento do que lhe é precioso, saiba que o grande reino dos céus está perto.

Também notamos que a mulher descobre que sua carga preciosa se perdeu quando chega em casa. Quando fazemos coisas demais, nossos pensamentos estão muito complicados e nossas metas, amplas e repletas de presunção, precisamos ir para casa, para o nosso lugar mais íntimo e confortável e redescobrir como algumas coisas que apreciamos estão se esvaziando. Pode ser impossível ver o que ficou vazio em meio a uma vida agitada. De volta ao lar, na calma da noite, podemos nos recostar e refletir e, nesse momento de silêncio, descobrir a alegria do vazio.

Uma Noite Tranquila

Uma noite tranquila atrás de minha cabana de palha.
Sozinho, toco um alaúde sem cordas.
Sua melodia flutua até as nuvens sopradas pelo vento e desaparece.
Seu som se intensifica com o córrego que passa,
estendendo-se até encher uma funda ravina,
e ecoa pela imensa floresta.
Quem, além de uma pessoa surda,
consegue ouvir essa música suave?
Ryokan

Certo dia, tornei-me um músico, lá pelos meus 7 anos, quando visitava amigos com meus pais. Meu pai mostrou-me o piano que eles tinham e me convidou a tocar algumas notas. Fui conquistado.

Mais tarde, ele comprou um velho piano de armário para nossa casa e escreveu as notas da escala a lápis nas teclas e me ensinou a mover os dedos para tocá-las. Depois de algumas aulas, ele apanhou seu violino e tocávamos duetos. Meu pai era um ótimo músico e sabia tocar peças difíceis e, um dia, chamou-me de outra sala para dizer que uma das teclas estava com problema: não tocava o fá. Descobri que meu pai tinha uma afinação perfeita.

Aos 13 anos, deixei minha casa e vivi num mosteiro por mais de doze anos. Lá, regi canto gregoriano, sendo um gênero de música que visa cultivar a serenidade monástica, acalmar o coração e tranquilizar o espírito aflito. Descobri que há músicas que acalmam e conduzem ao silêncio da alma.

Por isso gosto deste poema de Ryokan sobre um alaúde sem cordas que preenche as encostas e vãos do mundo natural e pode ser ouvido apenas por uma pessoa surda. Como se toca um alaúde sem cordas? Com grande sutileza. Imagino tocar o meu piano para pessoas surdas que apreciam o fluxo de sons e silêncio entre nós.

A quietude é uma forma de vazio e é importante para as pessoas que precisam refletir e lembrar. Aprender a viver uma vida de silêncio é uma arte valiosa, principalmente em um mundo que nos ataca descuidadamente com ruídos. Como é possível conhecer-se quando você não ouve seus pensamentos ou o bater do seu coração?

Não é necessário aspirar ao silêncio absoluto. A quietude é ainda melhor. Cultivar uma qualidade de vida contemplativa ajuda a ficar menos alvoroçado quando os acontecimentos chegam com intensidade. A quietude lhe dá equilíbrio e um ambiente no qual você vê o que está acontecendo e toma boas decisões. A quietude o prepara para os sons da atividade.

Imagine uma pessoa tocando um alaúde ou um violão sem cordas. Como essa imagem poderia ser interpretada? Como música para ser sentida com o ouvido interior, uma espécie de música mística. Talvez as cordas estejam lá, mas não são ouvidas. Música para o corpo sutil. Música que não é tão literal a ponto de ser percebida pelos órgãos dos sentidos, mas por outro tipo de órgão. Ao contemplar o quadro azul de Picasso de um violonista, consegue imaginar música saindo dele? Quando recita *O homem do violão azul*, de Wallace Stevens, compreende que o significado dessa música é muito mais amplo do que os sons que ouvimos de instrumentos? Terá a vida ritmo, melodia, harmonia?

Neste poema há um profundo paradoxo sobre o alaúde sem cordas: um objeto feito para criar sons harmoniosos está em silêncio. Talvez o silêncio seja o som que estamos procurando. Talvez a música crie o silêncio de que precisamos a fim de ouvir a música do mundo.

É a vida algo a ser tocado como se fosse um instrumento musical como, por exemplo, um alaúde? Quer ela ter as cordas arrancadas para ser percebida e apreciada? Talvez seja preciso ser surdo para os verdadeiros sons do mundo para ouvir sua música mais profunda.

Faz muitos anos que temos em nossa casa uma estátua quase em tamanho real feita na Indonésia que representa um tocador de alaúde do templo. Ele tem tocado para a nossa família todo esse tempo, enquanto as crianças cresciam e os pais faziam suas contribuições artísticas ao mundo. Sem querer exagerar nos detalhes, é possível imaginar uma música silenciosa enchendo uma casa, o tocador de alaúde oferecendo uma lição importante sempre que um membro da família o nota.

Hoje, quando vou a museus de arte e vejo quadros de anjos tocando seus instrumentos em silêncio, tento ouvir sua música com meus ouvidos literais ligados bem baixo. Para mim, é uma lição do quanto a vida é sutil e como, muitas vezes, temos que ouvir o que está sendo dito no mundo com o ouvido interior. É preciso ouvir o som silencioso, o alaúde sem cordas, a trombeta dos anjos, a voz muda que sozinha cria sons que penetram na alma.

Nada é Natural

A verdadeira prática do zazen é sentar como se fosse beber água quando está sedento. Então há naturalidade. É totalmente natural tirar um cochilo quando se está sonolento. Porém, tirar um cochilo só por estar com preguiça, como se fazê-lo fosse privilégio do ser humano, não é natural. Você pensa, "Todos os meus amigos cochilam; por que eu não deveria cochilar?..." Isso não é natural. A sua mente está enredada por outras ideias, ideias de outros, e você não é independente, não é você mesmo e não é natural... A verdadeira natureza sai *do nada, momento após momento. O nada está sempre presente, e dele tudo nasce.*

Shunryu Suzuki

No cerne dos maravilhosos ensinamentos do mestre Zen Shunryu Suzuki está esta lição sobre o vazio, como a naturalidade e o nada. Aqui, ela é uma particularidade da vida: tomar água quando se está com sede e cochilar quando se está cansado. Faça tudo de acordo com esse estado de espírito. Não encha a sua mente com discussões internas irritantes sobre ser uma pessoa boa, tampouco deixe que outras pessoas percebam o quanto você é avançado. Mais tarde, ele diz que até a prática Zen, que parece boa por fora, pode não ser natural por causa de pensamentos e motivos invasivos. Nas palavras do mestre, atingir esse grau de naturalidade exige esforço.

Uma pessoa que está sempre conspirando em sua mente parece neurótica. Observa-se que sua presença corporal é complicada demais. Há muita coisa acontecendo. Muitas camadas de intencionalidade. Não se pode confiar verdadeiramente em alguém que não é natural, pois não se sabe quem essa pessoa realmente é ou o que tem em mente.

Seus pensamentos e ações precisam surgir do nada, de um lugar vazio que não esteja repleto de tramas e motivos desnecessários. Você bebe água porque está com sede, não por querer mostrar a todos que é uma pessoa excepcional, graças a seus hábitos saudáveis. Isso é neurose, não naturalidade. Não tem nada do vazio que permita que uma ação seja natural.

Talvez você pense que nunca poderá atingir tal nível avançado de naturalidade, ser totalmente livre de neuroses. Mas pode mover-se nessa direção e, a cada passo, irá se sentir mais livre e feliz. Pode ser que as pessoas se identifiquem com você a partir de menos hábitos neuróticos que elas mesmas possuem. Suas interações não serão perfeitas, mas serão mais limpas. O fluxo entre você e outra pessoa será mais fácil.

Quando suas ações e sua presença saem do nada, são vazias, você e os outros sabem quem você é. Eles estão livres para se identificarem à sua maneira, sem serem manipulados para um certo tipo de resposta. Imagine como esse tipo de naturalidade ajuda um casamento ou outro relacionamento íntimo. Poderia ser a panaceia para a discórdia conjugal e, talvez, até para conflitos mundiais.

Imagine um casamento vazio, no sentido com que usamos a palavra *vazio*. Ele seria livre de pensamentos paranoicos, como supor que o outro está fazendo coisas ruins para você e tentando dificultar a vida. Suas expectativas seriam mais leves, menos complicadas e mais flexíveis.

Imagine o vazio na publicidade. Poderíamos confiar nela por dizer exatamente o que é bom sobre um produto, e não nos enganar de modo a pagar por algo de que não precisamos ou não funciona. A vida moderna é perigosamente desprovida de vazio e naturalidade. Políticos os têm em pouca quantidade, e gerentes financeiros, muitas vezes, oferecem esquemas para surrupiar seu precioso dinheiro — exatamente o oposto do vazio.

Apesar do campo neurótico à nossa volta, podemos almejar o vazio no cotidiano. É possível falar com um amigo com toda a naturalidade de tomar um copo de água quando se está com sede. Pode-se compreender o que ocorre dentro de você e simplesmente mostrá-lo, sem a menor hipocrisia ou manipulação. Talvez você tenha imagens de um tocador de alaúde ou um anjo com uma graciosa viola tocando sua música em silêncio, lembrando-o de ser tranquilo, por dentro e por fora, enquanto segue a vida.

Viver com naturalidade é um pouco diferente do que viver naturalmente. Ao viver naturalmente, pode-se querer usar alimentos orgânicos, passar tempo na natureza, tentar evitar a complexidade da vida moderna, ficar desconectado e tentar não arruinar a natureza com poluição e desenvolvimento excessivo. Ao viver com naturalidade, segundo a definição de Suzuki, impedimos que os incômodos motivos egoístas e seus medos e ansiedades atrapalhem. Lidamos com eles simplesmente estando presentes ao que fazemos e desobstruindo a mente de pensamentos manipuladores e egoístas. Isso é possível.

Uma das melhores maneiras que conheço para aprender essa naturalidade é por meio de conversas banais com as pessoas. Se alguém lhe pergunta, "Como vai?", você não pensa em impressionar, obter solidariedade, controlar o resultado ou criar uma boa imagem, apenas deixa essas interferências comuns passarem e responde com simplicidade e franqueza. Talvez você também queira evitar os clichês habituais que não dizem nada. "Estou bem, só que cansado de trabalhar muito e triste com a situação do mundo." Observe os adjetivos simples, *cansado* e *triste*, que expressam suas emoções com clareza. Não há nada aqui para complicá-las ou torná-las confusas. Você não está manipulando seu amigo, procurando ser visto do jeito que gostaria de ser visto. Você simplesmente manifesta como está no momento.

Onde está o vazio aqui? Na ausência das manipulações e complexidades desnecessárias. Seu amigo pode confiar no que diz devido ao que falta às suas palavras: todo o engodo e controle tão comuns em nossas interações. Seu amigo pode, de fato, sentir o seu vazio, e isso é reconfortante e confiável.

Tive um amigo, James Hillman, que imaginei ser bom em se expressar com naturalidade, pelo menos comigo. Certo dia, fiz a simples pergunta habitual':

— Como você está hoje, Jim?

— Estou louco da vida — respondeu ele. — Por que as pessoas não cuidam dos animais em vez de tratá-los com brutalidade?

Muito claro. Frequentemente, a resposta dele a essa pergunta era:

— Estou deprimido. Leva muito tempo para publicar um livro, meu ou de outra pessoa.

Ele era editor e escritor. Nunca o ouvi dizer: — Estou bem, e você?

Mas isso é apenas o começo. A partir daqui, você deixa a respiração fluir direta e facilmente. Não se contém e nem complica as coisas. Suas frases não são sentidas em muitos níveis. Apenas um. Você fala o que sente e o que isso representa. O resto é o vazio.

Os Sanduíches de Pepino

Algernon: — *Você cortou os sanduíches de pepino para Lady Bracknell?*

Lane (criado): — *Sim, senhor.* — Mostra-os em uma bandeja... (Jack estende a mão para pegar um sanduíche. Algernon interfere de imediato.)

Algernon: — *Por favor, não toque nos sanduíches de pepino. Eles foram pedidos especialmente para Tia Augusta.* — Pega um e o come.

Jack: — *Ora, você não parou de comê-los.*

Algernon: — *Isso é totalmente diferente. Ela é minha tia...*

(Lady Bracknell entra.)

Lady Bracknell: — *Agora vou tomar uma xícara de chá e comer um desses ótimos sanduíches de pepino que me prometeu...*

ALGERNON: (Pega a bandeja, horrorizado.) — *Deus do céu! Lane! Por que não temos sanduíches de pepino? Eu os pedi especialmente.*

LANE: (Sério) — *Não havia pepinos no mercado esta manhã, senhor. Fui duas vezes à cidade.*

ALGERNON: — *Nenhum pepino!*

OSCAR WILDE

Nos primeiros minutos da peça *A Importância de Ser Honesto*, de Oscar Wilde, os personagens Jack (que, na cidade, se chama Ernest) e Algernon têm um problema com a comida. Uma bandeja de sanduíches de pepinos está pronta para a tia de Jack, Lady Bracknell, esperada para breve, e gostaria que lhe servissem seu quitute favorito — sanduíches de pepino. Mas Algernon come todos e, quando a tia chega, o prato está vazio.

A verdade é que o homem não resistiu comer os sanduíches que estavam diante dele, mas se fez de inocente quando a tia não tinha nenhum para comer. Fingiu não ter ideia do motivo de a travessa estar vazia. O mordomo participou da farsa dizendo que não havia pepinos no mercado naquela manhã. O evidente objetivo de Oscar Wilde é zombar dos costumes da alta sociedade da época, mostrar o quanto carecia de moralidade. O motivo criado para a bandeja vazia mostra que não há honestidade natural nas pessoas — um vazio simples e proveitoso —, mas apenas a fuga à verdade.

A sociedade de Wilde precisa do verdadeiro vazio, uma vida sem todos os artifícios. Wilde retrata outros tipos de manipulação:

Algernon usa Bunbury, um amigo imaginário que vive no interior, como desculpa sempre que precisa de uma. Ernest, amigo de Algernon também é uma invenção. Em Londres, ele usa o nome de Ernest e possui uma personalidade obscura, enquanto no interior é conhecido como Jack e é um perfeito cavalheiro. Moral elevada e indigna em um personagem. Essa divisão exige um subterfúgio interior profundo e, assim, praticamente nada no homem ou em toda a peça tem qualquer naturalidade e inocência do vazio espiritual.

A dualidade Jack/Ernest ecoa a separação entre uma pessoa que diz o que quer e a encobre com evasivas e complicações, como se duas pessoas estivessem falando. Às vezes, todos temos um Jack e um Ernest em nós. Eles falam ao mesmo tempo, mas com significados e preocupações distintos.

Contudo, devemos lembrar que Oscar Wilde era um homem dotado de perspicácia, profunda compreensão, valores elevados e um grande coração. Para ele, o prato vazio nos mostra onde a ponderação e a generosidade devem estar. Algernon poderia ter deixado os sanduíches de pepino para a tia ou, pelo menos, dito a verdade sobre seu desaparecimento.

Com seu estilo satírico, Wilde dramatiza como a sociedade está repleta de fingimento, quando deveria ser ingênua. Os personagens usam várias contorções no linguajar, a fim de manipular as pessoas à sua volta, e essas contorções destroem qualquer possível naturalidade.

Não há verdadeiro vazio nas situações simples dessa peça famosa. Ao contrário, encontramos várias formas de vácuo, especialmente a falta de caráter e moralidade. Estou usando a palavra *vácuo* para descrever o que ocorre quando o vazio genuíno não é encontrado. Vácuo — sem moral, sem caráter, sem honestidade — é a expressão sintomática ou neurótica de um possível vazio profundamente instalado, sem ingenuidade, sem mentiras, sem hipocrisia. Com o verdadeiro vazio, não se tem propósitos ocultos. Com o pseudovazio, você tem objetivos egoístas que mantém para mi mesmo.

De certa forma, *A Importância de Ser Honesto*, até o próprio título, é um apelo ao vazio. Se seu nome é Jack, mantenha-o. Não use um novo em outro lugar para fingir que é outra pessoa. Essa atitude corresponde à filosofia de vida de Wilde: se você é um ladrão, seja-o, e não finja não o ser.

Toda a peça de Wilde trata da confusão que ocorre quando as pessoas não são diretas, mas sempre participam de joguinhos entre si. É surpreendente que o mundo continua do mesmo jeito, considerando os falsos testemunhos e prevaricações que atulham os negócios, a política e as conversas do cotidiano. Conversar com franqueza é uma virtude que deveríamos buscar para nosso benefício e pelo futuro da humanidade. Seria libertador ser objetivo, destemido e, quando a ocasião pedir, honesto.

Não há Motorista

Certo dia, mestre Nasrudin, em visita a Londres, saltou para um ônibus de dois andares e subiu ao andar superior. Ele sentou-se por alguns minutos, olhou à sua volta, e tornou a descer.

— Algum problema? — perguntou o cobrador.

— Não há motorista lá em cima — ele respondeu.

Esta não parece uma autêntica história de Nasrudin, por enquanto. Certamente está imbuída do espírito das histórias Sufi.

Na qualidade de alguém que ouve os sonhos dos outros quase todos os dias, reconheço algo familiar nesta história. Pessoas no mundo todo sonham com transportes. Aparentemente, a psique está em movimento, muitas vezes está ou deveria estar. As pessoas sonham com carros, trens, ônibus e aviões — com frequência. Às vezes, a pessoa está sendo levada, mas outras, raras, está no assento do motorista. Às vezes, é um trem, com mais frequência, um avião. Neste último caso, o sonhador pode ser o piloto ou um passageiro. Ouvi alguns sonhos sobre ônibus, mas até agora, nenhum com dois andares.

Faz diferença você estar dirigindo ou não. Você está no controle, ou deixa que outra pessoa — algum outro impulso ou espírito em você — assumir? Quando outra pessoa está dirigindo, você se dispõe a ser conduzido e pode chegar ao destino em segurança. Se é você que está dirigindo ou pilotando, precisa dos conhecimentos para controlar seu veículo. Gosto de usar a palavra *veículo* porque nele é possível assimilar o conceito mais amplo de ter um meio de ir de um lugar a outro ou de um estado de ser a outro. Escritos antigos sobre a alma referem-se a seu "veículo" como a carruagem de Platão, e o budismo era chamado de um grande ou pequeno veículo — *mahayana* e *hinayana*. O budismo também é uma balsa para levá-lo ao outro lado, onde poderá viver sem sofrimento.

Às vezes, a jornada do sonho parecer tratar de toda a viagem de sua vida, em que você passa de um emprego, de um relacionamento ou estilo de vida a outro. Às vezes, é só sobre uma breve viagem. O sonho com um transporte, independentemente de sua duração, pode indicar a passagem para um novo estágio em sua vida.

Em nossa história, Nasrudin não se sente à vontade de chegar ao destino sem um motorista. Se fosse um sonho, eu me pergunto se o sonhador teria dificuldade em confiar em algo além da própria habilidade e vontade para conduzir seu rumo pela vida. Às vezes, é preciso confiar no movimento e ler as placas, e deixar o destino ou a sorte guiá-lo. Nesse caso, o assento do motorista pode estar vazio ou não existir.

Há uma linda passagem em um livro de Joseph Campbell sobre mitologia referente à história de Tristão e Isolda, em que ele está em um pequeno barco sem remos ou leme, apenas com uma harpa, vagando em direção da próxima estação em seu destino, Irlanda, e sua amada Isolda: "Tristão, repousando confiante no seio dos poderes cósmicos pelos quais os movimentos dos céus e todas as coisas da terra são controlados, foi levado pelo som de sua harpa órfica-irlandesa, ressoando a música do mar e das esferas, exatamente para aquela baía de Dublin onde o herói de Joyce, Dédalo, caminhou séculos antes, questionando seu coração se algum dia teria a coragem de se entregar à vida."

Esta longa sentença descreve de maneira maravilhosa a situação que qualquer ser humano poderia enfrentar ao iniciar uma nova carreira ou um projeto, arriscar-se a casar, ou mudar para outra parte do mundo. O tema da confiança, da fé em si e em seu mundo, e a disposição de sair no oceano agitado da vida sem controle é um ponto decisivo para a maioria das pessoas. Geralmente, não temos uma bússola, tampouco um leme.

De um jeito divertido, a história sobre Nasrudin e o ônibus zomba de nosso medo de avançar sem um motorista, alguém no controle de nossa jornada. Mas a nossa natureza, como a de Tristão, é totalmente o oposto: encontramos o caminho ao confiar na vida e desistir da necessidade de estar no controle.

Com frequência, parece que as decisões das pessoas são motivadas pelo ego, mas talvez seja porque nós, no mundo moderno, não estamos muito sintonizados com outros personagens, outros egos, que exercem um impacto em nossas emoções e desejos. Eles, também, podem nos motivar a tomar decisões e nos impelir em determinadas direções.

E se não houvesse ego, mas apenas as várias pessoas da psique fazendo sentir seus desejos? Então podemos não ter um verdadeiro motorista, como o condutor do ônibus na direção, mas apenas muitas paixões e temores. E se quem está no controle de quem tanto dependemos não aparecer? Se seu assento estiver vazio? Em especial, se "o homem lá em cima" não estiver em seu lugar e a região superior não tiver controlador? Então nos encarregaremos da direção ou seguiremos com nossas intuições e nossa fé. Talvez, então, desceremos de volta à realidade e aprenderemos a confiar que a vida nos leve aonde precisamos ir.

Separe as Moléculas

Deus deve, de um jeito ou de outro, criar espaço para si, nos desocupar e esvaziar, para então, finalmente, se entranhar em nós. E, para integrar-nos n'Ele, separa as moléculas de nosso ser para então voltar a nos fundir e modelar... Isso nos colocará no estado organicamente necessário para que o fogo divino desça sobre nós.

Teilhard de Chardin

Padre jesuíta, Pierre Teilhard de Chardin também foi um paleontólogo que realizou trabalhos científicos importantes na China e participou da descoberta do Homem de Pequim na década de 1920. Por meio de sua intensa prática espiritual e científica, tornou-se um filósofo visionário, que ampliou o conceito da evolução para incluir a transformação espiritual da humanidade.

Chardin vivia em dificuldades com o Vaticano, que proibiu seus livros de serem colocados em bibliotecas religiosas e até em livrarias. Tampouco lhe era permitido publicar e proferir palestras. Certa vez, recebeu uma honraria do Boston College, mas enquanto estava a caminho de receber o prêmio, este foi revogado. Pergunta-se o que era tão perigoso ou ameaçador em seus pensamentos para merecer tal repressão.

Ele criou vários termos especiais para as suas ideias, como *Cristogênese* e *Ponto Ômega*, a vida contemporânea atingindo um lugar em que finalmente descobre a primazia do amor não sentimental e honesto. Na passagem anterior, ele fala do nosso tema de esvaziamento, indicando que, para a nossa evolução espiritual, precisamos ser esvaziados para então sermos remodelados. O divino "separará as moléculas de nosso ser" para que possamos ser transformados por um fogo misterioso.

Mas o que são as moléculas de nosso ser e como podem ser separadas de um jeito positivo? Elas são os elementos essenciais que nos formam. Simples assim. Não apenas emoções ou pensamentos, mas sua identidade em sua forma mais profunda. Ou, a sua própria alma.

Tudo isso deve ser separado para você poder se reestruturar e passar à vida adulta. Do ponto de vista de Chardin, não sabemos quem realmente somos. Ainda somos muito jovens, imaturos e superficiais. Não levamos a vida a sério porque ainda não conhecemos a natureza do mundo em que nascemos. Pensamos que a vida gira em torno do mundo físico: produzir máquinas melhores e descobrir as vastas extensões do Universo. Mas, por fim, aprendemos que a vida é essencial e positivamente misteriosa, não para ser explicada e explorada, mas para ser absorvida por nós. Acabaremos por descobrir que o amor não é uma emoção, mas a dinâmica central do bem-estar e da existência do mundo.

Pense nos exploradores dos séculos XV e XVI. Eles acreditavam que tinham feito a incrível descoberta de um novo mundo. Mas para nós, eles só fizeram uma viagem às ilhas do Caribe em embarcações absurdamente frágeis e artesanais. Em um futuro não muito distante, as pessoas verão nossas realizações sob a mesma ótica. Para atingir a visão de humanidade de Chardin, precisaríamos avançar a um nível diferente. Não faríamos progresso nos mesmos projetos materiais, mas cruzaríamos uma barreira de uma maneira totalmente nova de ver a vida e seu propósito.

Por muito tempo, as religiões e tradições espirituais mantiveram nossa mente, pelo menos parcialmente, focadas no físico, mas, por fim, elas se desfizeram e passaram a atender ao ponto de vista material, ou sustentaram a divisão do espírito e da matéria, de modo que não aprendemos a levar uma vida significativa em um mundo material. Hoje, o invisível e o infinito quase não têm relação com o mundo material ao qual dedicamos nossas energias.

Assim, a identidade que temos e a visão de mundo de que tanto nos orgulhamos precisam ser destruídas e abertas. Todo o orgulho de nossas descobertas e invenções precisa ser esvaziado por completo. Precisamos ser menos ligados a ele e menos inflados por ele. Nossos valores e emoções precisam ser esvaziados. É o que Chardin parece sugerir em seu grito apaixonado por mudança.

Acima de tudo, precisamos de uma nova compreensão e valorização do divino. Não podemos mais usar a palavra *Deus* sem extensas notas de rodapé citando Meister Eckhart e Dietrich

Bonhoeffer, que continuaram cristãos mesmo ao esvaziar a própria noção de Deus. Esta não é, de modo algum, uma visão ateia ou secular. É a renovação da religião. Não, também não podemos mais usar a palavra *religião* sem pausa. Como *Deus*, ela foi enrijecida e sentimentalizada, perdendo, assim, sua força e significado. Temos que encontrar formas alternativas para manter nossa visão infinita e misteriosa. A espiritualidade em si precisa ser esvaziada, e Chardin criou novas palavras para descrever a evolução da humanidade em seu propósito. Ele demonstrou que precisamos de uma nova linguagem para questões espirituais, palavras que nos inspirem a ir na direção de uma nova maneira de ser.

O Vinho Acabou

No terceiro dia houve um casamento em Caná, na Galileia, a mãe de Jesus estava ali, Jesus e seus discípulos também foram convidados. Tendo acabado o vinho, a mãe de Jesus lhe disse:

— Eles não têm mais vinho.

— Não é preciso que a senhora diga o que eu devo fazer. Ainda não chegou a minha hora — disse Jesus.

Sua mãe disse aos serviçais:

— Seja o que for que Ele vos pedir, fazei-o.

Estavam ali seis jarros de pedra, que os judeus usavam para as purificações, e cada um levava duas ou três metretas. Jesus disse aos serviçais:

— Enchei os jarros com água.

E os encheram até a borda.

— Tirai agora, um pouco, e levai ao mestre-sala.

E os criados assim o fizeram.

Quando o mestre-sala provou a água transformada em vinho, não sabendo donde viera, embora o soubessem os serviçais que tiraram a água, chamou o noivo:

— Todo homem serve primeiro o bom vinho e, depois que os convidados já beberam bastante, o vinho inferior é servido; tu, entretanto, guardaste o bom vinho até agora.

EVANGELHO DE JOÃO

Esta linda e conhecida história do Evangelho de João resume toda a filosofia de Jesus em uma única imagem: a mudança da água para o vinho. Ao se adotar o modo de ser de Jesus, você passa de uma vida de regras e repleta de culpa (purificação da água) para uma de alegria e prazer (vinho inebriante). Os jarros nos quais apareceu o vinho milagroso eram destinados a conter a água para o ritual de purificação. Quando um convidado chegava, poderia lavar as mãos segundo o ritual, mostrando a pureza de suas intenções. Jesus substitui a preocupação com a pureza pela embriaguez do vinho, pela alegria e pela comemoração. Quando você lê as histórias do Evangelho com atenção, encontra várias cenas de festas e ceias agradáveis, que não são totalmente literais, mas mostram uma filosofia de amor e prazer sagrado.

"Acabou o vinho" da sociedade atual? Ficamos preocupados demais com o trabalho e em ganhar dinheiro e estarmos ocupados? A nossa capacidade de comemoração diminuiu? Muitas vezes, as nossas festas parecem uma compensação pelo trabalho duro e pela tentativa de seguir normas. Como terapeuta, sinto, com frequência, que as pessoas estão de tal maneira tomadas pela culpa do passado que não conseguem apreciar a vida. Ou sentem-se obrigadas a passar seu tempo trabalhando duro. Então, suas festas tornam-se compulsivas e, assim, não são muito satisfatórias e significativas. Elas precisam ser esvaziadas para que Dionísio possa entrar, conferindo significado às comemorações.

Os gregos associaram o vinho ao deus Dionísio, que era uma das divindades ressuscitadas, um deus da vida e da morte. Ele representava a intensa vitalidade e um ritmo de morrer e renascer. Em toda a história, artistas e teólogos têm visto a força de Dionísio em Jesus. Ele morreu e ressuscitou, comparou seu sangue ao vinho e há a fascinante história de suas habilidades para fazer vinho. Nossas comemorações e festas, poderiam se tornar verdadeiramente dionísicas em espírito, libertando a forte alegria de viver. No espírito de Dionísio, poderia haver menos bebida e mais comemoração. Talvez pudesse ser dito que, quanto mais álcool é consumido em uma festa, menor é a presença de Dionísio.

Assim como Dionísio é desmembrado e ressuscita, e a uva é esmagada e volta como vinho, uma pessoa pode ser esvaziada para descobrir um novo tipo de vida. O casamento é a morte de uma vida antiga e o renascimento para um novo tipo de experiência. O principal ensinamento de Jesus é morrer para o velho e legalista modo de entender a vida e renascer para uma filosofia mais jubilosa baseada no princípio do amor.

Na história do casamento em Caná, primeiro nos deparamos com os jarros vazios. Então, sem nenhum gesto, nenhuma palavra mágica, nenhuma remoção de um véu, Jesus produz uma transformação milagrosa: jarros vazios, depois enchidos de água, agora contêm vinho excelente. Jesus traz alegria profunda e comemoração ao casamento e à intimidade humana.

Observe também a presença da mãe de Jesus e seu papel nos eventos que se desenrolam. Ela vê que o vinho acabou, uma leve indicação de que ela, também, venerada por séculos, tem o espírito de Dionísio. Ela representa o aspecto maternal do ensinamento e exemplo de Jesus. Apoia sua filosofia, diferente daquela das escolas filosóficas e organizações religiosas essencialmente masculinas, abstratas e exigentes. Ele é zeloso e mostra profunda apreciação pelas necessidades humanas básicas. Maria está genuinamente preocupada com a falta de vinho na festa. Em um sentido maior, ela está ciente de que Dionísio está se perdendo.

Se você adotar os ensinamentos de Jesus, o que lhe acontecerá? Esta parábola nos conta que você deixa de ser um moralista e se torna um epicureu, um amante dos prazeres puros e simples da vida. Jesus vai a jantares e encoraja uma mulher a massagear seus pés com óleo. Em um dos Evangelhos alternativos, Jesus guia os amigos em uma dança. Esta não é uma abordagem austera para uma vida de significado, mas uma que valoriza o prazer e encoraja a alegria, não o entretenimento superficial, mas a alegria que vem de estar em sintonia com as leis da vida, o que na Índia chamam de *ananda*.

Nos Upanishads descobrimos a rica espiritualidade em um termo composto de três palavras: *sat-cit-ananda: s*er, consciência e alegria. *Ananda* é a profunda alegria de ser fiel à sua natureza e às maneiras de viver. Esta é a alegria que Jesus ensina e Ele a personifica na alegria de estar com amigos e membros da família, em bons jantares e em fazer um bom vinho para uma festa de casamento.

Hoje, necessitamos desesperadamente desta alegria. Acreditamos em uma virtude fria e esquecemos a importância da calorosa amizade e de uma comunidade harmoniosa. Focamos regras e sucesso pessoal, e encontramos cada vez menos tempo para comemorar e nos alegrar e nos reunir. Muitas vezes, somos como jarros limpos e vazios, à espera de nos tornarmos recipientes de uma alegria inebriante. Mas, de um ponto de vista positivo, nosso vazio é a preparação para o fantástico ressurgimento de uma vida espiritual feliz: o Jesus dionísico.

A Carruagem Vazia

Certo dia, o rabino Elimelech de Lizhensk estava sentado em sua carruagem, enquanto o condutor o levava ao seu destino. Um grupo de pessoas o viu no veículo e começou a segui-lo pela rua, e a multidão ficou cada vez maior. O rabino ouviu o som do bando de pessoas que o seguiam e perguntou ao condutor:

— Por que toda essa comoção?

— As pessoas querem seguir a santidade e a virtude — responde o condutor.

— Ah! — exclama o rabino — Eu também quero. E ele desce, junta-se à multidão que segue a carruagem, agora vazia.

É absolutamente natural que um líder espiritual se sinta superior e espere deferência. Conhecimento, habilidade, experiência, posição, credenciais, títulos — todos podem subir à cabeça e fazê-lo acreditar que é especial. Quantos líderes seriam capazes de descer da carruagem, ignorar as manifestações mesquinhas de seu ego e seguir a sabedoria? Muitos líderes espirituais não entendem o paradoxo pelo qual o melhor líder é um bom seguidor, o melhor professor, um bom aluno. Quando você ensina, não esquece que ama ensinar. Quando estuda, lembra que segue seu professor, mas sempre aprende consigo mesmo. O paradigma do professor e do aluno nunca deve separar-se em duas pessoas distintas. Os dois, juntos, seguem a carruagem vazia da sabedoria.

O vazio do aprendizado significa que você, o professor, cheio de informações e habilidades, não é o foco de seus alunos. Eles precisam seguir a sabedoria e a santidade, pois o conhecimento é uma das coisas mais sagradas do mundo. Ele faz a vida valer a pena. O professor mostra o conhecimento, mas não é a origem dele.

Você tem de compreender que também está buscando uma meta invisível vazia, não o sucesso pessoal, mas talvez o avanço da humanidade por meio da educação. Suas teorias e práticas preferidas não podem ser definidas e fixadas para se tornarem rígidas. Você precisa cuidar de seu vazio, e esta é uma tarefa difícil. Imagine um psicólogo junguiano que diz: “Jung não tem todas as respostas”, ou um cientista que admite: “Há muito o que aprender além da ciência.”

Quando seus alunos e seguidores mostram seu amor por você, não leve isso para o lado pessoal. Eles estão encantados pela visão que lhes deu e pela abordagem ao aprendizado que confere riqueza e significado à vida deles. Você é o condutor, não o objeto real da atenção. Quando ouve o clamor da aprovação, sabe que é um sinal para sair de sua respeitável carruagem e se juntar aos alunos para reverenciar os valores invisíveis tão preciosos.

Somos Deixados como Vestígios

Somos deixados como vestígios, duramos em nossa própria leveza como as linhas praticamente invisíveis em uma serigrafia chinesa, microcamadas de pigmento e carbono que ainda retratam as profundidades de um rosto. Sem durar mais que uma pequena melodia, uma composição única de notas desarmoniosas, ainda ecoando muito tempo depois de nossa partida. É essa leveza de nossa realidade estética, essa velha e muito querida imagem, que é deixada e perdura.

James Hillman

Estas são as linhas finais do livro de James Hillman, *A Força do Caráter*, e são as palavras que proferi em seu funeral diante de seu túmulo. James nos deixou uma descrição perfeita da fragilidade e beleza da vida humana. Na dimensão das coisas, não é muito, mas, mesmo assim, é duradouro e melodioso.

Permita-me dizer uma palavra sobre James e o vazio que ele descreve. Na juventude, ele vagou pelo mundo e estudou em importantes centros educacionais como a Sorbonne e o Trinity College, em Dublin. Ele descobriu Jung e se tornou um expert em suas ideias. Mas ele também desenvolveu sua própria psicologia, partindo dos exatos ensinamentos de Jung quando achou adequado. Ele foi insultado e criticado duramente por seus colegas estudiosos e, ainda assim, manteve o rumo em seu próprio caminho; inspirado pelo exemplo de Jung, permaneceu leal à visão que encontrou em si.

Ele seguiu seu próprio *daimon*, a voz ou o impulso que o orientava e conheceu a beleza e a dor ao ouvir sua orientação interior. Era um professor poderoso porque permitia que essas vozes falassem por meio dele. Reverenciava seus mestres do passado e nunca foi paciente com os tolos. Ou seja, nunca se uniu à mais recente bolha de pseudo-sabedoria que entrava em cena. Ele seguiu o seu caminho e criou o conjunto de uma obra que acredito acompanhará a sabedoria das gerações.

Seu método de aprendizado e ensino é um exemplo de profundo vazio. Você precisa estar vazio para permitir que o gênio entre e o molde. Para ser um criador eficiente, tem que se afastar e deixar seus ancestrais usarem-no para completar os esforços de eras passadas. Pois, de certo modo, findamos essas tênues vidas incompletos, entregamos as preciosas questões em que labutamos para os que chegarão depois de nós. Partimos com um grau significativo e útil de vazio. Nosso legado para o futuro não é só o que realizamos, mas o que deixamos inacabado.

As palavras de James nos ensinam que o vazio nem sempre é absoluto. Nós o observamos nos pequenos fragmentos deixados para trás, no saco furado, na ínfima quantidade de peixe e pão que temos para alimentar milhares. O vazio precisa estar vazio, ou não conseguirá nos esvaziar.

Ao escrever estas palavras, estou com 80 anos. Como meu amigo Hillman, espero deixar vestígios de minhas reflexões sobre a vida humana em vários livros e nos breves pensamentos de alunos e amigos. Em minha opinião, somos formas esfumaçadas à deriva que acrescentam minúsculos elementos à perfeição humana. No entanto, essas adições microscópicas têm imenso valor em mover a humanidade ao longo de seu amadurecimento. Pequeno é lindo, e minúsculo é precioso.

Para Onde Vai o Meu Colo?

O problema envolto em ansiedade sobre o que acontecerá comigo quando eu morrer é, afinal, como perguntar o que acontecerá com o meu punho quando eu abrir a mão ou para onde vai o meu colo quando me levantar.

Alan Watts

O maior vazio de todos é o espaço deixado quando morremos. Quando leio a espirituosa passagem de Alan Watts de um punho se abrindo ou um colo desaparecendo, penso no movimento de um ilusionista. Há algo mágico sobre aparecer neste mundo e depois desaparecer. É como um ilusionista que faz uma carta ou moeda aparecer e desaparecer. Ao nascer, de repente nos vemos neste mundo, em nossa época, com nossas preocupações intensas. De repente, não estamos aqui e não sabemos para onde fomos.

Temos crenças, suposições e palpites sobre o ato de desaparecimento da morte, mas ninguém sabe ao certo como tudo funciona, se é que funciona. O que quer que aconteça, a vida é incrivelmente curta e, principalmente, à medida que você envelhece, passa a pensar no final. Seria bom ter uma ideia positiva e animadora sobre esse fim, mas não queremos uma ilusão apenas para nos sentirmos melhor.

O meu jeito de lidar com esta questão importante é refletir sobre ela com atenção. Não quero me iludir ou encontrar uma fuga ao escolher uma das opções existentes: paraíso, reencarnação, nada. Reconheço as muitas variações dessas soluções e aceito todas, até certo ponto. Contudo, para mim é mais convincente compreender que a ciência não sabe tudo. Desconfio que o mundo é muito mais misterioso do que ela consegue tolerar. Há muitos mistérios e enigmas, muitos fenômenos inexplicados. Além disso, não acredito que eu seja uma entidade orientada para o cérebro dos modernos laboratórios de psicologia. Levo uma vida construtiva com pensamentos e emoções profundos. Tenho esperanças e temores por minha geração, e essas experiências não vêm de um ser puramente físico. Em outras palavras, sinto que eu e meus companheiros humanos têm uma alma. Jung disse que essa alma não depende totalmente do corpo, e sinto isso dentro de mim. Assim, a visão que tenho da vida humana não é apenas física e me dá esperança sobre meu último truque de desaparecimento.

Fui criado como católico com a crença na vida eterna. À medida que cresci, posso ter perdido muitas das crenças infantis que me foram ensinadas, mas, como adulto, consigo reestruturá-las e reverenciá-las. Não preciso ser mais esperto que meus pais e professores e rejeitar todas as suas convicções.

O último fator que me dá esperança diante do aparente vazio que está no fim de minha vida é o amor que sinto por quem esteve e está perto de mim. O amor parece atemporal e não é apenas físico. O universo teria que ser cético para encerrar tão intenso amor no meio do caminho e não consigo viver com esse grau de ceticismo.

É útil pensar na minha vida não como uma longa narrativa de eventos independentes seguidos em uma linha longa e reta. Para mim, o tempo não está passando, mas é um instante no presente imensurável. Os eventos de minha vida aparecem um após outro para criar um círculo de histórias à minha volta. Todas existem em um momento, e, em cada instante, sou a coleção desses eventos somados ao que ocorre nesse instante.

Cultivo uma virtude, um poder do coração, que aprendi quando jovem — esperança. Não se trata da expectativa de que me seja dado algo que quero. É a confiança ilimitada na vida, uma confiança que não é ingênua. Sei o que é a esperança, mesmo quando não há uma expectativa específica. Essa é a esperança à qual se recorre quando o médico diz que a medicina não pode fazer nada por você. A esperança que procura então não é razoável e pouco tem a ver com evidências. É um poder da alma que o sustenta na presença do mistério e do desespero.

Gosto das ilustrações de Alan Watts sobre o desaparecimento final, em parte porque são divertidas e simples. Desconfio que a alegria que vem da esperança pode tornar a morte ao menos tolerável, e a simplicidade de se levantar mostra o quanto ela pode ser parte da morte. Ela é tão simples que qualquer esforço que fizermos poderá ser imperceptível.

Nada Mais

Bem cedo, no primeiro dia da semana, as mulheres foram ao sepulcro com especiarias que haviam preparado, mas descobriram que a pedra tinha sido tirada. Quando entraram, não viram o corpo do mestre... Então saíram e relataram tudo aos Onze, e aos outros também. Essas mulheres eram Maria Madalena, Joana e Maria, mãe de Tiago... Pedro correu até o sepulcro. Ele se inclinou, olhou e viu os panos de linho. Nada mais.

Evangelho de Lucas

O Evangelho conta uma das histórias mais extraordinárias sobre o vazio de todos os tempos: o sepulcro vazio de Jesus. Tente imaginar os eventos da história: durante muito tempo, Jesus deu sinais de que ressuscitaria no terceiro dia. Assim, três dias após a execução, um grupo de seguidoras vão ao sepulcro onde sabiam que Ele tinha sido enterrado e viram os panos de linho, mas não Jesus. Nenhum corpo. O sepulcro estava vazio. Panos de linho e, em grego, *mona*. Nada mais. Isso é tudo!

O sepulcro vazio é o detalhe mais importante e extraordinário sobre Jesus, no Evangelho. Ele não está lá. Isso significa que Ele ressuscitou. E *ressuscitar* significa "partir". O lugar que ocupou nesta vida agora está vazio. O sepulcro vazio é a sua essência. Ele disse aos seus seguidores que passariam a personificar sua presença ao viver segundo seus valores.

Mas o que isso significa? A história da ressurreição é real? Jesus ressuscitou, de fato, literal e fisicamente? Muitos acreditam nisso. Ou essa é uma história sobre a realidade dos ensinamentos de Jesus? Devemos todos sair de nossa vida ignorante e ineficiente? Será o sepulcro vazio um sinal de que nossa dormência terminou? Sabemos infinitamente mais do que trata a vida e como continuar.

A imagem do sepulcro vazio é um duro toque de despertar: você pode se levantar da vida sufocante que leva e ressuscitar. Levar a nova vida ressuscitada do reino que Jesus pregou. Buda, é claro, teve uma experiência de despertar semelhante. Ele deixou a proteção do lar da família e contemplou a idade, a doença, a morte e a vida como monge, e despertou. Ele é conhecido como "aquele que despertou". A palavra grega usada no Evangelho, *egeiro*, pode significar "levantar" ou "despertar".

Estamos dormentes em que sentido? Principalmente, por absorvermos os modos culturais de pensar e encontrar significado. Aceitamos o que nos é oferecido pela mídia como valores importantes sem questioná-los. Também dormimos nos hábitos de nossa família, geralmente gerações delas. Absorvemos sua cegueira e seus modos impensados. Dormimos na religião tradicional, aceitando crenças infantis e valores superficiais.

Nunca é demais aceitar e absorver qualquer ensinamento. Considere-o com atenção, deixe que desabroche, amadureça e se torne, ao menos em parte, seu. Ele deve viver em você e não jazer como um cadáver no centro de sua mente. Se permitir que seja inanimado, você passará a vida a dormir.

Você está adormecido quando aceita um emprego ou escolhe uma carreira somente pelo salário e desiste da atenção ao trabalho de uma vida que muda e se desenvolve constantemente. Até o fim, você precisa estar aberto a mudanças e reviravoltas inesperadas. Não fique confortável porque essa é a posição para dormir, não trabalhar.

Se as pessoas olharem para o mausoléu de si mesmas no fim de um casamento ou uma carreira, ou outro capítulo importante da vida, deverão ver que está vazio. Você ressuscitou. Você não é um corpo em decomposição de um ser, mas recém-vivo e trabalhando. Seu velho eu não está mais presente. Você prosseguiu. Você despertou com frequência ao longo da vida e deixou seu sepulcro vazio.

O sepulcro vazio do Evangelho é um sinal de que, qualquer que seja a morte pela qual passou, pode ressuscitar. Quando qualquer término ou fracasso parece definitivo, você poderá se sentir deprimido, emocionalmente sepultado. Você precisa de um túmulo vazio, o sinal de que não está mais naquele estado mortal, mas retornou à vida.

Mas o sepulcro vazio não é apenas uma metáfora para voltar à vida depois da perda e do fracasso. Ele também pode ser o apoio à sensação de que a vida não termina com a morte, e que a morte é uma transição para outra forma de vida. Dessa forma, o sepulcro vazio é como o grão manifestado nos Mistérios Eleusinianos Gregos, lembrando às pessoas que a morte e a ressurreição, como uma semente plantada na terra, é uma lei da natureza. Assim, é um ato de inteligência ter esperança de que a morte não é o fim definitivo. Isso não é conhecimento, tampouco crença. É esperança, pura e simples. A imagem do sepulcro vazio, sem qualquer explicação, diretamente lhe dá esperança de que a vida tem seus segredos, um dos quais pode ser um caminho à frente, por enquanto inexplicável.

Pare de Tentar

Você ficará feliz quando parar de tentar ser feliz.

Zhuangzi

Prazer, satisfação, contentamento, boa sorte e alegria — estas são palavras que o dicionário associa à felicidade. As pessoas ficam felizes quando as coisas vão bem e não há nuvens negras no céu emocional que causem preocupações. "O que, eu, preocupado?", disse Alfred E. Neuman, da revista *Mad*. Porém, ele não faria um bom comercial para a felicidade. Ele parecia mais perplexo do que alegre. E isso ocorre com a felicidade. Embora hoje algumas pessoas estudem a felicidade com seriedade, há uma leveza no conceito que o mantém impreciso. A felicidade é tão leve que é difícil encontrar sua austeridade. Muitas vezes, é uma sensação de bem-estar que não precisa ser duradoura para ser valorizada e apreciada. É como uma estrela cadente ou, nas palavras de Wallace Stevens, como "um faisão que desaparece entre os arbustos".

Zhuangzi sugere que tentar ser feliz é exatamente o modo errado de consegui-lo. Claro, os taoistas não recomendam que *tentemos* fazer nada. A felicidade não pode ser forçada. Você pode viajar de férias a um lugar especial e tentar ser feliz, mas o plano pode não funcionar, pois faz parte da natureza da felicidade simplesmente acontecer, como um estado de ânimo que se instala em vez de um que se possa obrigar a existir. Dessa forma, a felicidade é um presente dos deuses ou anjos, e não pode ser fabricada.

Naturalmente, é possível organizar a vida para a felicidade ter maior probabilidade de acontecer, mas faz diferença não forçá-la ou exigi-la. Você cria uma situação e espera que o anjo da felicidade reaja. É a obra de uma musa especial, como a inspiração para um artista. Pode ser o presente gratuito de um *daimon*, uma força invisível, interior ou exterior, que leva a vida adiante ou avisa sobre um perigo. A palavra de Aristóteles para felicidade é *eudaimonion*, "um bom *daimon*".

O *daimon* não aparece com frequência, assim como a felicidade. Esta pode ser uma sensação passageira, e não um estado contínuo. A percepção efêmera da felicidade pode ser suficiente para sustentá-lo. Você recebe uma dose de felicidade como uma carga elétrica, e ela o energiza até a próxima vez em que ocorrer. Mas a injeção pode se espalhar e lhe dar a sensação de uma vida feliz.

Tudo isso para dizer que a felicidade também pode ser vazia. Vazia das suas exigências e de seu controle. Mais um mistério do que um produto, um presente em vez de uma realização. Mantenha-a vazia, e sua plenitude ficará disponível para você. Aceite a infelicidade como uma condição legítima, e até valiosa, e só então poderá se apoderar da felicidade quando ela surgir.

A felicidade também pode ser mais satisfatória quando é parte de um ritmo de desafio, tristeza e trabalho duro. Felicidade constante se tornaria monótona e ineficaz. Ela vem e vai, e esse ritmo de presença e ausência faz parte de sua beleza. Você não quereria felicidade interminável, porque não saberia o que tem — a felicidade é definida pelo seu oposto. Quando a tristeza desaparece ou a depressão o deixa, você se sente feliz só por vê-las partir.

Ou, talvez, você perceba que ser feliz com frequência leva a um tipo de infelicidade. Fica empolgado pelo ganho inesperado de dinheiro. No início. Depois, descobrirá o lado negativo da riqueza. Pode se casar em um estado de euforia e, cerca de um ano depois, buscar ansiosamente um meio de sair do casamento. Talvez consiga um ótimo emprego, e depois percebe que foi enganado com promessas de sucesso.

Há um tipo de felicidade que vem do sucesso ou de momentos de paz e tranquilidade, principalmente do tipo emocional. Mas outro tipo de felicidade aparece quando você simplesmente está sendo quem é, em contato com suas leis mais profundas, avançando sem esforço, sem exigências neuróticas para si mesmo.

Você não tenta atingir esse tipo de felicidade diretamente, mas pode aprender como a vida funciona e qual é a sua natureza em especial e ser cuidadoso para não violar essas condições. Uma felicidade profunda pode então surgir, e não desaparecerá quando as coisas derem errado ou quando você ficar triste ocasionalmente. Ela se instala como uma brilhante nuvem noturna com suaves nuances rosadas. Ela o domina, como se essa mesma nuvem rosada estivesse dentro do seu ser.

Sem Necessidade de Palavras

Você tem uma vara de pesca para apanhar um peixe. Quando fisga um peixe, não precisa mais dela.

Você tem uma armadilha para pegar um coelho. Quando captura um coelho, não precisa mais dela.

Você usa palavras para expressar significado. Quando se faz entender, não precisa mais delas.

Gostaria de conhecer uma pessoa que não tenha mais palavras para ter uma palavra com ela.

Zhuangzi

Como ter uma palavra com alguém que não tem palavras? Ambos ficam juntos, em silêncio, ou você profere palavras que não são suas? Talvez use palavras sem definição, mas que flutuam como poesia. Quando Robert Frost escreve sobre uma encruzilhada onde "tomou o caminho menos usado", ele não fala sobre uma estrada. Fala sobre sua vida. Assim, *estrada* não significa "estrada". René Magritte pintou um quadro com um cachimbo no qual colocou as palavras "isto não é um cachimbo" na frente e no centro. Claro que não é um cachimbo. Não se pode fumá-lo. Assim como você nunca encontrará a estrada que Frost tomou ou a que ele não tomou. Ela não é uma estrada.

Portanto, o que são palavras se não significam o que descrevem com clareza? Palavras têm uma história e uma personalidade, e podem ser proferidas de um jeito poético para representar algo muito diferente da definição vista no dicionário ou da intenção de quem as usa. O poema de Frost é sobre como viver, não sobre uma estrada física.

O vazio de uma palavra pode ser sua resistência a uma definição limitada ou sua etimologia histórica profunda. Por exemplo, você pode pensar que um restaurante é um local ao qual se vai para saborear uma refeição bem preparada. Mas a raiz da palavra significa "restaurar", cuja conotação é totalmente diferente. Pode-se querer que essa palavra tenha um significado que você ache certo, mas sua história é clara. Antes de se referir à boa comida, ela falava sobre restaurar a si mesmo. Conheça as palavras que tem e ouça o que querem dizer. Muitas vezes, os significados serão diferentes do que as pessoas acham que estão dizendo.

Se falar com pessoas que não tenham um conjunto de palavras fixas nas quais insistem, você fica livre para se expressar. Nenhum jargão, nenhum roteiro, nenhuma ideologia, nenhuma ortodoxia.

Sem essa abertura, essas palavras não são vazias, e para que palavras sejam usadas com liberdade, precisam ser. A maioria dos grupos tem palavras próprias, e o mesmo ocorre com indivíduos. Algumas palavras são carregadas de emoção, não vazias. Algumas tentam obrigá-lo a chegar a uma conclusão desejada. Outras são dissimuladas e manipuladoras. Saiba quando as palavras lançadas a você não são vazias. Fique atento!

Uma palavra vazia é aberta à discussão e à interpretação. Ela não oculta objetivos em seu interior como os guerreiros no cavalo de Troia. Por exemplo, a palavra *religião* é difícil para mim. Entendo a religião como um meio de vida aberto ao infinito e ao mistério. Mas as religiões e as pessoas que as seguem muitas vezes querem dizer o oposto. Para elas, a palavra *religião* não é aberta e vazia. Ela se refere a um sistema de crença estabelecido com forte tradição dogmática. Dependendo de como é usada, *religião* pode ser uma das palavras menos vazias e mais rígidas que existem.

As palavras perdem o seu precioso vazio de diferentes formas, às vezes *ad hoc*, só para a ocasião. Alguém diz que gostaria de ter uma conversa comigo, mas durante seu transcorrer, descubro que é uma tentativa de me converter ao seu modo de pensar. Vou da possibilidade das palavras vazias para a realidade das palavras sem nenhum vazio. Espero um debate, mas recebo um sermão que visa me obrigar a pensar de determinada maneira.

Walt Whitman esvazia as palavras ao ponto de se tornarem infinitamente mais íntimas para nós:

> Pensaste que aquelas fossem as palavras — aquelas linhas verticais? aquelas curvas, ângulos, pontos?

Não, essas não são as palavras — as palavras substanciais estão
no chão e no mar,
Estão no ar — estão em ti.

As palavras que lemos ou falamos não são as palavras reais. Palavras reais estão ocultas nas árvores e nos córregos.

Um velho sábio disse certa vez:

— Com licença, posso ter uma palavra com você?

O companheiro respondeu:

— Não tenho nenhuma palavra, elas têm a mim.

Palavras têm poder e, talvez, seu significado não venha de nós. Procure a etimologia de uma palavra. Você verá que a história a moldou. Você está enfeitiçado pela história quando a usa. James Hillman disse que as palavras são anjos, mensageiros, mensagens. Ele pediu uma "angeologia das palavras", anjos especialistas falando-nos sobre palavras e suas mensagens.

Muitas palavras usadas em conversas do dia a dia são codificadas, repletas de preconceitos e expectativas. Várias pessoas têm uma agenda quando as usam ou derramam nelas as ansiedades do ego. Elas se perguntam se a pessoa diante delas é politicamente conservadora ou liberal, religiosa ou secular, feminista ou gay, ou ambientalista. Em todos os casos, estou com Zhuangzi, mas tenho uma ressalva: Apresente-me a uma pessoa que tenha palavras vazias para que eu possa ter uma palavra com ela.

Quantos Tigres

Certo dia, o líder do vilarejo pediu a Nasrudin que fosse caçar tigres. Embora não quisesse, achou que teria de ir. Quando voltou, seus amigos perguntaram:

— Como foi?

— Excelente — respondeu Nasrudin.

— Quantos tigres matou?

— Nenhum.

— Quantos encontrou?

— Nenhum.

— Quantos viu?

— Nenhum.

— Por que diz que a caça foi excelente, se nem viu um tigre?

— Quando se caça tigres, nenhum é muito.

Às vezes, você se envolve demais em procurar algo, quando teria sido melhor abandonar a caçada por completo. Certa vez, quando eu era jovem, não sabia qual seria o meu futuro. Eu sentia que precisava de um trabalho que tivesse a ver com meus talentos. Assim, candidatei-me a uma vaga de escritor de manuais de usuário para uma grande empresa de seguros. Como teste, pediram-me para escrever um manual para qualquer coisa, só para mostrar minhas habilidades. Então escrevi um livreto muito preciso sobre o funcionamento de um órgão de tubos, assunto que conhecia bem.

O recrutador era esperto.

— Excelente trabalho — disse ele. — Mas você parece um verdadeiro escritor. Precisamos de alguém que possa redigir bem um manual de usuário sem ter aspirações a se tornar escritor. Sinto muito, não podemos contratá-lo.

Sua lógica era clara, mas um pouco deturpada:

— Procuramos alguém que saiba escrever bem... Você é um bom escritor, então não podemos contratá-lo.

Foi bom não ter conseguido esse emprego. Ele teria acabado com minha inspiração. Não conseguir o emprego me deixou vazio, aberto para uma carreira maravilhosa que esperava por mim. Naqueles dias, se alguém curioso sobre a procura do trabalho da minha vida tivesse perguntado, "Você tem boas indicações", eu teria respondido, "Nenhuma é muito".

Há várias lições de vida importantes nesta história simples. Por exemplo, quando procura algo que quer muito, mas acaba vazio, esse pode ser o melhor resultado. Muitas vezes, é melhor não conseguir o que se quer. Por um lado, talvez você não veja que o objeto de busca não é bom no longo prazo, não importa o quanto o deseje. Talvez não veja o quadro geral e foque apenas a meta imediata. Talvez também aprenda que um desejo atendido pode bloquear outras possibilidades. Se você literalizar um desejo, entregando-se a ele, talvez interfira em outros que ainda virão. Um amigo pergunta:

— Você conseguiu aquele emprego que estava procurando?

— Não — você responde —, encontrei um emprego diferente, que acabou se mostrando perfeito, algo que não sabia que estava procurando.

Observe que Nasrudin não está nem um pouco desanimado por não ter visto nenhum tigre em sua caçada. Ele tem experiência com o vazio e sabe ver o valor de não encontrar nem mesmo um indício do que estava buscando. Talvez a caça seja suficiente, sem sucesso no sentido convencional.

Em minha vida, esforcei-me seriamente para me tornar padre, músico, professor universitário. No final, tornei-me um autor de best-sellers e palestrante no mundo todo, atividades às quais nunca aspirei. Nunca busquei esses papéis, mas foi o que consegui. Felizmente, meus primeiros objetivos não me impediram de continuar a busca. O emprego que consegui não era o que estava procurando, mas valeu mais do que qualquer coisa que pudesse ter buscado.

Meu amigo John estudou muito para se tornar engenheiro, e conseguiu emprego em uma pequena faculdade. Mas, então, ele se sentiu atraído pelo trabalho do capelão da escola e estudou teologia. Depois, aceitou ser pastor de uma igreja. Isso não funcionou, então ele se tornou um psicoterapeuta capacitado e habilidoso. No início, ele buscou a vida de cientista, mas acabou vazio. Ele se sentiu realizado com a terapia, o tigre que sempre estivera procurando.

Outra forma de encarrar essa história sensível é lembrar que a jornada pode ser mais importante do que a meta. Como diz o poeta grego Kaváfis em seu famoso poema *Ítaca*, nossa meta nos mantém na jornada, mesmo que no final seja decepcionante:

Ítaca deu-te a bela viagem...
Mas nada mais tem a dar-te.

O Pote Vazio

Chegara a hora de o imperador se aposentar e encontrar um sucessor. Deu um pote cheio de terra fértil e escura para todas as crianças do império.

— Coloquei uma semente em cada pote — disse ele às crianças. — Cuidem delas, e aquele que me mostrar a planta mais bonita e saudável, tornar-se-á o soberano. Examinarei os potes em quatro meses.

Jun levou o pote para casa, colocou-o ao sol, regou-o todos os dias e falava com ele delicadamente. Mas a semente não cresceu. Nem um único broto verde rompeu a terra. Ele cuidou dele durante quatro meses e nada aconteceu. Então chegou o dia de ter com o imperador.

Jun levou seu pote ao palácio e juntou-se à fila de outras crianças com seus potes. Imediatamente viu seus potes repletos de ramos e folhas de plantas verdes, altas e brilhan-

tes. O imperador veio e olhou para todos os potes férteis e disse às crianças:

— Eu fervi todas essas sementes. Nenhuma deveria ter germinado. Mas olhem, há apenas um pote vazio. Os outros certamente substituíram a semente que lhes dei e tentaram ser mais espertos que seu imperador. Mas Jun, com honestidade e coragem, trouxe o pote vazio, e será o novo imperador de vocês.

Não é fácil suportar o vazio, mesmo que seja do tipo misterioso e sobrenatural. Todos querem plenitude, realização e sucesso. Não é fácil enfrentar o fracasso, mesmo que seja honesto. Não é fácil se decepcionar com seu vazio e sua ausência. Mas se isso, fracasso e vazio, de fato é o que se tem, isso é o que será atraído. Você leva o seu vazio, qualquer que seja, com graciosidade.

Esta é uma das regras básicas da vida: saber como suportar os obstáculos e desafios. As crianças que colocaram novas sementes nos potes não conseguiram suportar levá-los sem uma planta ao imperador. Às vezes, você simplesmente tem que aceitar o fracasso em vez de justificá-lo ou achar um meio de ocultá-lo. Enfrentar o vazio tem suas recompensas.

Misteriosamente, o vazio pode definir quem você é e contribuir para realização de sua vida. Talvez gaste a energia de sua vida para tentar evitar os obstáculos e as deficiências, mas isso fará com que falhe.

A antiga história chinesa do pote vazio nos ensina a aceitar as imperfeições que a vida nos traz. Negá-las ou fingir que não existem pode oferecer um afago ao ego, mas, no fim, impede--nos de apreciar a recompensa de estar no controle de nossa vida. Para ser um imperador na sua vida, é preciso valorizar o nada quando ele surge.

A imagem do pote semeado também mostra a ideia do crescimento. Gostaríamos de ver nossa vida se desenvolver como se fosse uma planta que precisa de água e sol e muitos cuidados. Mas talvez o crescimento não seja o único valor importante. Talvez seja importante que parte de nosso potencial não se concretize. Talvez precisemos de becos sem saída e oportunidades perdidas. Talvez elas sejam parte do quadro geral de nosso ser.

Desenvolvimento e amadurecimento podem não ser os valo res absolutos que acreditamos que sejam. James Hillman dizia que há uma fantasia maternal por trás do próprio conceito do desenvolvimento humano. Como uma criança, esperamos crescimento contínuo e nos decepcionamos, e até nos assustamos, se não estamos nos desenvolvendo adequadamente. Segundo ele, não somos árvores, somos seres humanos. Mas pode haver outras fantasias profundas também valiosas sobre a vida humana além do desenvolvimento e crescimento. Pense na vida de artistas e cientistas que atravessaram períodos de bloqueio e empecilhos arrasadores, como esses momentos ociosos inspiraram novas ideias ou, pelo menos, foram parte importante de todo o processo.

Em nosso conto, o imperador é astuto. Ele sabe que seguir as regras e ser bem-sucedido não são, necessariamente, sinais de um bom líder em potencial. Um imperador também deve conhecer o valor de não crescer e de não ter sucesso. A um nível mais profundo da história, compreendemos que, para sermos bem-sucedidos na vida, devemos cuidar do não crescimento e do fracasso assim como do crescimento e do sucesso.

Seria melhor incorporar todas as formas de vazio em nossa concepção de vida. Precisamos cuidar de nossos potes vazios e não ficarmos constrangidos por não haver nada neles. Não crescer pode atender a um propósito. Se alguém lhe perguntar, "O que está acontecendo em sua vida?", talvez você responda, "Pouca coisa". Essa simples afirmação de vazio pode amadurecê-lo a ponto de conseguir viver a sua complexidade. Não se sentir compelido a exibir seu sucesso, sua planta forte e viçosa, é uma alternativa à exigência de sempre mostrar as grandes folhas verdes do sucesso.

Esquecimento

Tornei-me água
e me vi
uma miragem
tornei-me um oceano
e me vi um ponto
de espuma
ganhei Consciência
vi que tudo não passa
de esquecimento
acordei
e me encontrei
adormecido.

Binavi Badakhshâni

Este poema de desaparecimento de Binavi Badakhshâni, um Sufi afegão, representa o vazio como um deslize para fora do ser. Exatamente quando se pensa que tem algo, ele escapa ou se torna o oposto.

Ver que você é uma miragem — que uma descoberta, o oposto do mito de Narciso, que se encontra na água. Você pode olhar para o seu reflexo e não ver nada. O eu é uma miragem? É a verdadeira sensação de ser uma pessoa, uma fantasia, uma percepção transitória que desaparece ao se refletir? Ou é a sensação de ser um indivíduo menos importante do que acreditamos? Nosso propósito mais importante no planeta seria contribuir para a comunidade humana, em vez de se destacar como algo separado?

Ao longo da existência, tem-se uma visão da vida e de seu lugar nela e, mesmo assim, este poema diz que a grande visão se torna um ponto de espuma no oceano. Talvez ter uma boa vida, o que certamente é uma aspiração valiosa, só seja possível se você também se vir como um ponto. Alquimistas usaram a frase, "Maior que grande, menor que pequeno". Uma contradição? Talvez não. Mais como uma gangorra que precisa de dois lados iguais para tornar a brincadeira divertida.

Você fica consciente só para descobrir que no fluxo da vida esqueceu sobre o que estava consciente. O esquecimento é tão necessário tanto quanto a consciência. O objeto da descoberta deve se infiltrar na impureza do que sabe e do que se tornou. Emily Dickinson pergunta: "É esquecimento ou absorção quando as coisas desaparecem de nossa mente?"

Os gregos antigos reverenciavam o rio Lete, o rio do esquecimento, que as almas devem cruzar a caminho do Hades. Você esquece a vida passada e se prepara para a que virá. E, talvez, isso não deva ser compreendido literalmente para descrever a vida após a morte, mas um padrão na vida. Será mais um ritmo de lembrar e esquecer, tornar-se consciente e não se lembrar sobre o que era consciente? Talvez seja bom levar uma vida de esquecimento absoluto e deixar qualquer que seja a origem dessa vida cuidar das recordações.

A consciência necessariamente se dissipa e se torna esquecimento para a consciência poder ressurgir. É a onda da consciência seguida pela onda do esquecimento que mantém a imaginação fluida e viva. Você não se apega à sua consciência, pois isso impediria o fluxo e o ritmo. Você aprecia o momento de consciência e então o esquece.

A lição mais difícil é compreender que finalmente acordar após anos de dormência e inconsciência não é, de fato, o feito que se imaginou ser. Despertar é uma meta que vale ser perseguida, mas você será desviado se não compreender que esse novo despertar só é uma oportunidade para mais sono. O Buda não é só o Desperto; ele também é o Adormecido, o que repousa a cabeça sobre a mão.

Temos várias representações de Buda quando Desperto, mas também do Buda Adormecido, às vezes chamado de Buda reclinado ou Buda entrando no nirvana. Temos uma imagem de Jesus adormecido — em um bote com seus seguidores em meio a uma tormenta. Ansiosos, eles o acordam — e Ele acalma a tempestade. Mestres espirituais sabem quando não ficar despertos e em estado de alerta.

A história de Jesus adormecido no barco nos ensina a encontrar paz e relaxamento como nosso modo de ser nas tempestades do cotidiano. Podemos despertar e agir, se necessário, acalmar a tempestade, mas nossa posição normal é estar adormecido onde quer que estejamos. Ouvimos muito sobre consciência e despertar, mas não o suficiente sobre dormir como um modo de ser.

Muitas pessoas se interessam pela consciência e por se tornarem mais conscientes. Algumas querem ser conscientes de seus sonhos e usufruí-los enquanto lúcidos, em que poderão afetar seu resultado. Elas falam da consciência como uma grande realização.

Mas talvez *consciente* não seja a melhor palavra. Talvez devêssemos estar tão inconscientes durante o dia como estamos enquanto dormimos durante a noite. Às vezes, você procura um psicoterapeuta achando que, se conseguir se decifrar, terá uma vida mais fácil. E descobre que compreender não tem o impacto esperado. Você sabe por que faz algo que lhe causa sofrimento, mas mesmo assim não consegue se impedir de fazê-lo.

Em vez de percepção e consciência, talvez você precise de uma abordagem que esteja entre o despertar e o adormecer ou que consista em ambos. É nesse ponto em que a imaginação e as imagens entram em ação. Se encontrar alguém a quem possa contar a sua história e se sentir ouvido, isso pode ser mais eficaz do que se voltar para alguém que lhe dê uma explicação do que está acontecendo.

O sono é basicamente feito de sonhos, e é o sonho que proporciona um verdadeiro insight dos dramas que ocorrem na vida. É preciso ser mais sonhador do que analítico. A vida pode ser mais prazerosa quando se vive em um estado de sonho do que quando se tenta com esforço ficar desperto e consciente.

Finalmente, você acorda. Como Buda, você se torna desperto. Você se levanta do sepulcro, como Jesus. Você ressuscita. Mas, como antes, descobre que está adormecido. A ressurreição e o sono continuam, repetidas vezes, em um ritmo que define uma boa vida. Você precisa estar adormecido para poder ressuscitar e se tornar um ser desperto. Precisa continuar a levantar para poder mergulhar no sono da inconsciência. A inteireza da vida é como um dia normal — acordar e dormir, dormir e acordar.

Desaparecido

Em um dia de verão, fiz uma visita, mas o dono havia ido a algum lugar.
Apenas flores de lótus
arranjadas em um vaso
guardiãs da ermida,
sua fragrância
enchendo o local.
Teishin

Ryokan (1758–1831) foi um reverenciado poeta Zen e calígrafo japonês. Aos 68 anos, conheceu a monja Zen Teishin, quarenta anos mais jovem que ele. Tornaram-se amigos e trocaram poemas em um criativo diálogo entre dois poetas.

Aqui, ela visita, mas descobre que o dono não está. Ela vê o arranjo de flores e sente a fragrância que enche o aposento. Este momento é como aquele do Evangelho quando seguidores de Jesus vão procurar seu corpo no sepulcro após a execução. Mas ele está vazio. O dono, nesse caso, também saiu, mas o local continua repleto de algo invisível, mas perceptível. Para a visão, o lugar está vazio, mas para o olfato, algo está definitivamente ali.

Algumas coisas parecem vazias, mas de outro ponto de vista, estão cheias. Um ano, minha família, em busca de algo mais simples, quis mudar-se para uma casa menor perto de um lago na Nova Inglaterra. Minha mulher e filha vetaram várias casas e então me mostraram as que lhes interessaram. Elas disseram: "Existe uma que não consideramos como uma possibilidade. Ela parece estar em construção e está coberta por telhas e grades de plástico." Fomos vê-la, mesmo assim. Vi uma casa bem construída em um terreno maravilhoso, necessitada de algumas alterações superficiais. Nós a compramos, cuidamos do jardim e fizemos algumas reformas. Toda a sua inteireza se revelou e usufruímos dela já há alguns anos. Ela estava vazia, esperando ser finalizada. É preciso ver o que não é visível. O dono não está em casa, mas a fragrância das flores que deixou encheu a casa. Quando vimos aquela casa, eu senti seu aroma.

Esta história é uma metáfora para a vida. O vazio pode ser um convite para aumentar a sua intensidade e o seu prazer. Aceite um novo emprego e, no começo, ele pode parecer insignificante, até você sentir o cheiro de suas virtudes ocultas. A simples visão pode ser enganadora. Outros sentidos lhe dirão mais: intuição, memória, previsão e imaginação.

Este poema pode nos ensinar que no exato momento em que pensar que alguma coisa está vazia, use o seu "nariz" e sinta o cheiro de algo bom. Procure o que ninguém vê. Preste atenção ao invisível.

O vazio não precisa ser completo. O quase vazio pode ser suficiente. Ou algo que parece vazio, mas não é. Identificar o vazio geralmente é um sinal para ficar onde se está, explorar, considerar as possibilidades. Se não há ninguém em casa, sinta o perfume das flores.

Certa vez, eu queria muito ver uma tapeçaria de Hermes Trismegisto, uma imagem rara e muito copiada, na catedral de Siena, na Itália. Imaginei que iria a Siena apenas uma vez na vida. No dia da visita, a tapeçaria estava coberta para evitar que a luz do sol a desbotasse. Não havia como torná-la visível. Mas ao ir para essa catedral, descobri um museu subterrâneo, antigo e muito original, do outro lado da *piazza*, que revelou com muito mais intensidade o mistério que eu esperava ter vislumbrado na catedral. Às vezes, quando alguém não aparece, ou um lugar está fechado naquele dia, é um sinal para usar seu nariz, farejar outras possibilidades e, talvez, ver seus desejos realizados.

O Bambu Podre

A monja Zen Chiyono estudou Zen e praticou meditação por um longo tempo sem chegar a lugar algum. Certa noite, quando a lua estava cheia, ela carregava água em um velho balde amarrado com bambu. O bambu quebrou, o fundo do balde caiu, e, nesse instante, Chiyono foi liberta.

Para celebrar o momento, escreveu este poema:

Eu fiz tudo para evitar que o balde
quebrasse
porque o bambu estava podre
e logo cederia.
Finalmente o fundo caiu.
Sem água no balde.
Sem lua na água.

Quantos aspectos de nossa vida seguiram seu rumo, mas continuamos presos a eles mesmo assim? Algumas coisas não são tão importantes: uma velha camisa esgarçada no armário ou um par de sapatos furados. Outras são extremamente significativas: carreiras ou relacionamentos desgastados. Nós os conservamos e, provavelmente, não nos damos conta do quanto impedem o fluxo da vida em geral. Livre-se de algumas roupas velhas e sinta a leveza em seu coração. Abandone o emprego que não é mais adequado e observe seu andar saltitante.

A monja da história não está apenas carregando um balde que está se desfazendo. Ela carrega o peso da água e o reflexo da lua. É muita coisa para carregar. Isso ocorre com situações importantes da vida. Você carrega algo que não é mais viável e sente como se estivesse segurando o mundo nas mãos. Muitas vezes, quando nos livramos de algo que está se desfazendo, alguma outra coisa, imensa e onerosa, também irá embora.

O espírito Zen consiste em abandonar coisas que não valem mais o seu esforço. Muitas vezes, você não precisa acrescentar algo à sua experiência, como um novo professor, uma comunidade ou um livro. Talvez seja preciso livrar-se do que tem e que já esteja destituído de vida. Às vezes, é mais difícil abrir mão do que manter, e nós mantemos porque acreditamos que ter é mais importante do que perder.

Objetos importantes e preciosos envelhecem e se desintegram. Talvez a casa em que mora não seja mais adequada e significativa. Deixe-a e permita que a vida continue. A sua alimentação pode não ser saudável nesse novo momento da vida. Abandone-a e experimente algo diferente. O modo como passa as férias e o tempo de lazer podem estar mostrando suas limitações. Talvez seja hora de experimentar algo desconhecido. Deixe para lá. Não o carregue mais por aí. Sempre tente ver o bambu apodrecendo.

Algo mais importante pode estar refletido em seus hábitos. Talvez você faça certas coisas porque sua família as fazia e as conhece desde a infância. Esse tipo de repetição pode se tornar um hábito profundo e pesado. Lembre-se de que Freud falou que certas repetições sinalizam o instinto da morte, não da vida. Talvez você sinta o apodrecer e a morte nesses hábitos e agora pode se libertar deles e permitir que a vida continue.

Suas ideias e opiniões podem estar ficando velhas e esgarçadas. Pode ser a hora de deixá-las. Boas ideias são vivas, crescem e mudam. Se as carregar tempo demais, é como se a própria lua estivesse em suas costas. Observe que essas ideias estão apodrecendo, deixe-as morrer quando chegar a hora. Deixe-as ir. Não espere que seu fundo caia.

Sabendo Sem Saber

Somente quando esquecemos tudo o que aprendemos começamos a saber. Não me aproximo demais de nenhum objeto natural enquanto não for apresentado a ele por um homem instruído. Para concebê-lo com total compreensão, devo abordá-lo pela milésima vez como algo totalmente estranho.

Henry David Thoreau

É uma boa ideia esquecer muitas coisas que aprendeu ao longo dos anos. Algumas são ultrapassadas, outras incorretas, outras ainda óbvias e banais demais. Também precisamos de uma nova abordagem para coisas interessantes, vê-las como se fosse a primeira vez, obter uma "mente de principiante". Essa abordagem ajudaria a tornar a coisa "estranha".

Anos atrás, quando eu continuava me deparando com a ideia de que o conhecimento não é algo bom, eu costumava me perguntar se isso era anti-intelectualismo. Porém, continuei a encontrar a ideia na obra de muitos pensadores brilhantes que admirava. Eu amava ler e estudar e sabia que eles também. Assim, por que eram tão negativos sobre o conhecimento? Aqui está a tradução do Capítulo 71, do *Tao Te Ching*, pelo poeta David Hinton:

> Saber o não saber é o bem superior
> Não saber o não saber é uma alienação.

Deixe-me falar sobre essa maravilhosa tradução como a compreendo: se você conhece a importância de não saber tudo, ou qualquer coisa, está vários passos adiante. Você sabe o mais importante. Se não valoriza a importância de não saber tudo, terá problemas. Viverá sob a perigosa ilusão de que sabe qual é a finalidade da vida. Terá banido os mistérios que são tão importantes. Estará dominado pelo ego, achando que sabe do que está falando quando, na verdade, está só se defendendo de sua ignorância. O ponto de partida para a sabedoria é reconhecer sua ignorância básica, o seu não saber.

Examinemos a frase "mente de principiante", do mestre Zen Shunryu Suzuki. Sempre se pode encontrar um estado de espírito no qual você é um principiante, talvez mais de uma vez. Você continua retornando ao papel de aluno ou novato, aberto ao aprendizado porque há algo que você sabe que não sabe. Que atitude proveitosa. Mas isso você poderia descobrir em qualquer situação, reconhecendo e valorizando até que ponto não sabe alguma coisa.

Às vezes, chegar a esse ponto pode causar alguns arranhões no ego, mas isso é sempre algo bom.

Quando você cultiva o não saber com o aprendizado também cria espaço para o mistério, para as profundas e inexplicáveis partes da vida que lhe conferem uma sensação de reverência. Valorizar o incognoscível o mantém honesto e humilde da melhor maneira. Essa é a base de uma atitude religiosa ou espiritual e, no fim, torna-o mais humano. Uma pessoa realmente sábia sabe o quanto é importante não saber tudo.

Às vezes, encontro-me proferindo uma palestra ou dando uma entrevista quando sei que absolutamente não sei do que estou falando. Geralmente é porque o tema é incognoscível. Muitas vezes falo sobre a alma, por exemplo, apesar de que, após anos de estudo, ainda não sei o que ela é. Perguntam-me sobre Deus, e, certamente, fico confuso.

O problema com alguns professores e líderes não é não saberem do que estão falando, mas não saberem que não sabem do que estão falando. Prosseguem alegremente com palavras que nem ao menos compreendem, mas acham que sim, ou, pelo menos, falam como se as entendessem.

A solução é admitir sua ignorância e tentar livrar a mente de preconceitos. Essas são as recomendações de Thoreau. Tente esquecer o que acha que sabe. Não dependa de autoridades, mas simplesmente esteja presente naquilo em que estiver envolvido. Finalmente, tenha a "compreensão total", não a mera familiaridade, como meta.

Como às vezes digo, o conhecimento da alma é mais íntimo do que o conhecimento da pesquisa e do estudo. Ambos são valiosos, mas Thoreau nos lembra de uma abordagem que ignoramos às vezes: estar intimamente presente ao que estamos estudando. Às vezes, ouço professores proferindo palestras sobre psicoterapia e, apesar disso, nunca a praticaram. Eu trabalho com isso há quarenta anos e percebo uma importante lacuna em suas apresentações, uma lacuna muito ampla. Não quero dizer que sempre é preciso ter experiência de algo antes de comentá-lo. Às vezes, é útil manter uma boa distância. Mesmo assim, há um vazio valioso em esquecer suas informações e apenas estar presente com o objeto de sua investigação.

A Tigela Perdida

Um garotinho na China vai com a mãe e as tias a um templo budista nas montanhas. Ele participa de um ritual e faz muitas perguntas sobre os monges e as monjas. Um monge lhe dá uma linda tigela azul, tão preciosa para o menino, que ele a coloca ao lado do travesseiro quando dorme na última noite da visita.

Na manhã seguinte, corre para chegar ao barco que o levará e a sua família para casa e esquece a tigela. Já a bordo, percebe que não está com ela e se recusa a partir. Um trabalhador do barco corre montanha acima, atrasando muito a partida, e traz a tigela de volta para o garoto. Ele brinca com a tigela ao lado do barco e, por acidente, deixa-a cair na água e observa quando flutua para longe. Ele fica aborrecido, mas a mãe lhe diz para comer algo e parar de pensar no assunto. Ela diz:

— Coisas como essas não serão raras no futuro.

Anos depois, o garoto, agora um homem, diz:

— Quando lembro, acho que as palavras de minha mãe foram uma profecia tenebrosa. De fato, essas coisas não são ocorrências raras em minha vida. Muitas coisas e pessoas, muito mais preciosas que a tigela, se perderam. Algumas quebraram. Naquele momento, com a tigela que flutuava, só a minha infância desapareceu.

MU XIN

Todas as vidas estão repletas de perdas, da morte de um pai ou avô ao fim de um casamento à perda da boa saúde. A pungência dessa história infantil sobre a perda de uma tigela azul pode lembrá-lo de que perdas mexem com as emoções que não só são dolorosas, mas também valorizam a vida. Eu gostaria que meus pais ainda estivessem aqui para uma conversa calorosa e divertida, mas sentir a sua falta me lembra do quanto a vida é preciosa e do quanto é importante estar disponível para os meus amigos e familiares.

Às vezes, toda a vida é condensada e resumida em um evento único, aparentemente insignificante, como perder uma tigela em um passeio na infância. Podemos refletir sobre experiências que vêm e vão. Elas são como fractais, minúsculos eventos que contêm os grandes segredos da vida na forma de miniatura.

Primeiro, o garoto faz um esforço especial para recuperar a tigela, retendo uma multidão ansiosa para voltar para casa. As pessoas se atrasam, a tigela aparece e então se perde na água para sempre, flutuando para longe. Uma perda dupla, duas vezes vazia.

Nós nos agarramos a coisas que parecem importantes em um dado momento: um emprego, um relacionamento, uma casa, algumas ideias significativas. Nós as perdemos e fazemos grande alarde por isso. Somente mais tarde, descobrimos o que essa perda realmente foi e, então, perdemos essas mesmas coisas preciosas outra vez.

Os gregos diziam que o deus Hermes era um ladrão. Ele é o aspecto da vida que tira algo de nós. A vida nem sempre consiste em dar. Ela nos faz perder coisas que parecem importantes. Se não perdêssemos coisas, nunca avançaríamos na vida, que é uma série de mudanças, ganhos e perdas. A alegria da presença e a dor da perda: essas duas ondas de emoção nos fazem prosseguir. Hermes, o Ladrão, a causa da perda dolorosa, é uma espécie de deus que oferece uma boa vida aos seres humanos.

Esta é a história de um garotinho e tem um quê de ritual de passagem. O menino deve aprender essa lição sobre perda, porque será aplicada com frequência em sua vida adulta. A lição consiste na perda da inocência, a ideia de que a vida é sempre positiva e generosa. A vida não é assim. Você sofrerá perdas difíceis de compreender e suportar. Em algum momento da vida, terá que aprender essa lição básica: não importa o quanto tente evitar a perda na vida, ela acontecerá. É possível que você passe a respeitar a perda e, mesmo em meio à dor que ela traz, verá seu lugar no âmbito das coisas.

A tigela era azul. Azul-clara? Azul no tom do céu? Nele encontramos o sol. Uma antiga canção americana diz, “Por favor, não leve o meu sol embora”. John Updike escreveu uma história comovente sobre um garotinho que perde a inocência em um parque de diversões, onde um homem que trabalha em uma barraca roubou-lhe algumas moedas. A canção toca ao fundo enquanto o homem mais velho engana a criança inocente. Em nossa história, o garoto perde a tigela após recuperá-la. Esse tom de azul, como o céu límpido, não está mais disponível para ele. Ele precisa crescer e perder as alegrias da simples inocência.

Contudo, o garotinho ou a garotinha vivem em nós durante toda a vida, e sempre perdemos mais um vestígio de inocência. Estamos sempre crescendo. Sempre perdendo a tigela azul, nosso límpido céu azul e o brilho do sol. A vida é assim, um ritmo essencial de inocência leve e perda dura. A vida se esvazia, até mais do que se enche.

Ninguém no Barco

Quando eu era criança, meu avô me levava para um pequeno lago em Michigan, aos domingos, em um barco a remo para pescar ou apenas nos divertirmos na água. Só nós dois. Certo dia, quanto eu tinha 4 anos, fizemos nosso passeio de barco em um lago maior, o lago St. Clair, ao norte de Detroit, onde meus tios tinham uma casa à beira da água.

Estávamos a 50 metros da margem em água fria e agitada quando, de repente, senti a água subindo pelas pernas. Então o bote virou e, a pouca distância, vi assentos, cestas e uma lata de gasolina flutuando na superfície. Eu lutava para respirar e senti os braços fortes de meu avô puxando-me para cima do barco virado. Perdi a consciência. Antes de desmaiar, vi meu tio mergulhar do ancoradouro de cimento diante de sua casa em um esforço heroico para nos salvar.

Quando acordei, estava em uma cama desconhecida que, para mim, parecia ser de um gigante, tão grande ela era, e os lençóis e cobertores estavam apertados ao redor de meus ombros. Ouvi as palavras agente funerário sussurradas por alguém no quarto e tive certeza de que estava morto. Mas foi meu avô que tinha se afogado.

Uma das lições que aprendi com essa experiência formadora de vida foi o significado da coragem e do altruísmo. Trinta anos depois, em uma sessão de terapia intensa, consegui me abrir para as lágrimas de gratidão e sentir a força maior daquele gesto generoso. Aprendi, também, o que significa ser pai e avô e o que significa ser um homem com um coração. Nunca digo nada contra os homens em geral, como muitos fazem hoje, porque testemunhei o que um homem em contato com sua masculinidade profunda e genuína pode ser e fazer.

Ainda vejo as latas e os assentos boiando na água fria. Muitas vezes, hoje, eles aparecem na lembrança quando estou tentando nadar ou me divertir, remando meu pequeno bote. Ainda sinto a estranha sensação da superfície do barco virado, agora oco e inútil. Aquele barco deveria nos manter em segurança enquanto simplesmente usufruíamos uma tarde de domingo ao sol em águas amigas. Mas o barco vazio me ensinou uma lição importante, que a vida está cheia de ameaças e sombras e é preciso ficar vigilante o tempo todo, preparado para uma virada da sorte e o repentino desaparecimento da beleza e proteção do mundo natural.

Em muitas culturas, jovens homens e mulheres passam por rituais que os ajudam a crescer e aprender as duras lições da vida.

Eles podem ficar enterrados por um ou dois dias sob uma pilha de folhas, ou em uma cova rasa na terra para lembrá-los da realidade da morte e dos dois lados da moralidade da natureza: ela pode sustentá-lo e pode matá-lo.

Não precisei de um ritual de sepultamento para conhecer a morte. O barco vazio no lago de águas agitadas me transformou, pelo menos em parte, de uma criança excessivamente confiante em um jovem homem mais realista. O lago perigoso e insondável iniciou-me na vida adulta com seu coração gelado. Afinal, primeiro senti sua invasão naquele dia como um frio subindo por meus tornozelos e minhas pernas. Ele se apresentou primeiro com sua frieza, um imenso contraste com o calor de minha família e, especialmente, meu amoroso avô.

Quando penso nesse evento triste, mas memorável, pergunto-me sobre meu avô estar preparado para o momento em que pôde dar a vida pela criança aos seus cuidados. Imagino estar preparado para esse tipo de momento em minha vida e, quanto mais velho fico, mais admiro a coragem. É fácil falar, mas não tão fácil evocar quando preciso.

Esse é o verdadeiro amor, não tão emocional nem sentimental. Um amor contido que combina com as águas frias da natureza e as exigências frias do destino. Também é amor familiar, amor de avô. Todos temos que aprender a difícil lição que todo ser humano é família e que devemos estar prontos para dar nossa vida pelo outro, de nos esvaziar em prol dos mais jovens que tomarão nosso lugar na vida.

O Sutra do Coração

Quan Yin
estava profundamente mergulhada na prática de
atingir a sabedoria quando compreendeu que os Cinco
Agregados [skhandas] — forma, sensações, percepções,
formações mentais e consciência — são vazios. Então,
ela se libertou do sofrimento e da ansiedade.

Caro Sariputra,
o que quer que perceba é vazio
porque a percepção em si é vazia.
Ser visível é ser vazio,
porque a visão é vazia.
Ocorre o mesmo com a sensação, a percepção,
ter impressões e estar consciente.

Caro Sariputra,
Todos os objetos e tudo que é visível têm essa qualidade de vazio: Eles não são visíveis, tampouco invisíveis, puros ou impuros,
não aumentam, não diminuem.
No vazio não é possível
agarrar o que é visível
ou sentir, perceber, ter impressões ou estar consciente.

Não há olhos, ouvidos, nariz, língua, corpo ou mente;
não há imagens, sons, odores, sabores, coisas para tocar ou pensamentos; nem ignorância e nem o fim da ignorância;
tampouco há envelhecimento ou morte
e, no entanto, não há fim do envelhecimento e da morte;
não há sofrimento, aquisição, final ou posse de um caminho;
não há sabedoria e nem lugar a se chegar.
Como não se chega a lugar algum,
bodisatvas dependem do prajnaparamita,
que é atingir um nível de profunda compreensão.
Seu pensamento é livre de bloqueios.
Como são livres de bloqueios,
eles não têm medo.
Livres de ilusões perturbadoras.
Vivem em um estado de nirvana.

Todos os Budas do passado, presente e futuro,
dependentes do prajnaparamita,
atingem a realização completa.
Assim, entenda: louvar o prajnaparamita
é o maravilhoso mantra transcendental,
o mantra maior,
o mantra perfeitamente acolhedor
que pode eliminar o sofrimento.
Prajnaparamita é real, não uma ilusão.
Assim, entoe o mantra prajnaparamita,
o mantra que diz:

não aqui, ausente,
não aqui de modo algum,
verdadeiramente ausente.

Isso é sabedoria.
Que lindo!

Com o Sutra do Coração, atingimos a verdadeira essência do vazio. Esta oração notável representa um modo de vida baseado em princípios muito diferentes no pensamento moderno, um modo de vida no qual o vazio em suas muitas formas matiza tudo que faz. Esses princípios podem parecer estranhos para uma pessoa moderna, que entende acrescentar à vida, mas não tirar. Eles não fazem muito sentido em um mundo literal, prático e comum. Hoje, ninguém quer levar uma vida sem compreensão.

"Sem compreensão" não significa que você não deve tentar compreender as atividades do dia a dia, como pagar as contas. Significa que há algumas coisas, as verdades mais importantes, que nunca podem ser totalmente compreendidas. Por fim, você precisa confrontar esses imponderáveis.

Além disso, nas questões mais relevantes, não é bom se ligar a qualquer sistema, ensinamento ou comunidade. Você precisa encontrar um modo "vazio" de aprender, buscar comunidade e desenvolver uma filosofia de vida.

A palavra *vazio* satura o Sutra do Coração de tal modo que, no final, essa celebrada confissão de desprendimento se esvazia. É diferente de tudo. Ela torna o esvaziamento absoluto, ao mesmo tempo em que insiste que não há absolutos. A palavra *vazio* soa em todo o sutra tantas vezes que não lhe deixa nenhum apego, nada a que se ligar com firmeza. No final, tudo se foi, por completo. Você fica com um nada que atingiu por meio de trabalho e atenção cuidadosos.

No Sutra do Coração, *vazio* significa muitas coisas: não estar apegado, não entender as coisas literalmente, não acreditar rigidamente em nada, não praticar ideias às quais esteja muito dedicado, não pregar, não ficar preso a um professor ou ensinamento, estar sempre em um turbilhão de mudanças, não progredir, ou não não progredir. Você pode seguir esse caminho à sua maneira, e fazer sua própria lista. Todos somos vazios à nossa maneira.

Mas aqui está um ponto essencial: vazio, aqui, não significa vácuo. Não é um problema e, geralmente, não está associado à dor. Assim, não é uma perda desoladora, mas sim uma oportunidade ímpar para estar totalmente presente e, portanto, nada desocupado. É parte de um paradoxo, onde a plenitude e o vazio sustentam-se mutuamente. Não se apegue e, de repente, a sua vida se abre em possibilidades. Mesmo que você adote uma filosofia de vida ou psicologia persuasiva, mantenha-a vazia. Não lhe dê tudo. Não a transforme em uma ideologia, que pode ser uma filosofia de vida densa, fixa e rígida demais.

O Sutra do Coração coloca um manto de vazio sobre todas as experiências. Tudo é vazio, sem exceção. Todas as suas crenças, apegos, orgulho, senso de propriedade, sentimentos de virtude, sensação de estar certo, ações carregadas de valores — tudo deve ficar vazio, ou o ego se infiltrará para arruinar algum aspecto de seus esforços. Isso significa que, de algumas formas muitas vezes não detectáveis, elas se tornam neuróticas.

Para serem realmente efetivas, as suas ideias e seu comportamento precisam estar livres do ego, não estragados nem mesmo por pequenas necessidades narcisistas ou hábitos infantis que nascem do temor do fracasso ou qualquer necessidade de ser visto como perfeito. Compreender a sua imperfeição inerente o mantém honesto e emocionalmente livre. Você pode cometer um erro e saber que sempre tem mais a aprender.

O Sutra do Coração fala à verdadeira essência do que significa ser um ser humano e, por esse motivo, é entoado e escrito todos os dias em todo o mundo. Seria bom se os ocidentais modernos adotassem essa prática e aprendessem caligrafia, ou canto, ou ilustrassem o sutra com desenhos, ou o ampliassem com as próprias poesias. A tradição ensina que ele requer atenção e trabalho diários para que, de fato, afete a vida cotidiana.

O Deus Ausente

Deus permitiu que soubéssemos que precisamos viver como pessoas que controlam a vida sem Ele. O Deus que está conosco é o Deus que nos abandona (Marcos 15:34). O Deus que nos deixa viver no mundo sem a hipótese de Deus é o Deus diante do qual nos colocamos continuamente. Diante de Deus e com Deus vivemos sem Deus.

DIETRICH BONHOEFFER

Quando Hitler subiu ao poder, Dietrich Bonhoeffer era um pastor cristão que estudava e lecionava no Seminário Teológico da União, em Nova York. Em 1939, quando a situação ficou tensa, ele retornou à Alemanha e participou de um complô para matar Hitler. Os conspiradores foram descobertos e condenados à morte por enforcamento. Ele passou dois anos na prisão e, então, foi executado.

Na prisão, Bonhoeffer desenvolveu suas ideias teológicas sobre ética e, em suas cartas, uma abordagem focada no mundo para a vida espiritual. Nossa citação aqui é um dos vários exemplos na mesma linha. Certa vez ele disse que se sentia desconfortável quando pessoas à sua volta falavam sobre "Deus". Ele sabia que o significado dado por elas à palavra não era o mesmo que o seu.

Se há alguma palavra vazia, esta é *Deus*. Se você quer preservar o misticismo essencial do divino, mantê-lo sagrado, inefável e desconhecido, não a use indiscriminadamente. Na verdade, quanto maior o tom e a frequência com que a usa, mais ela perde sua força para representar o infinito e a inspiração do deslumbramento. As muitas tradições que proíbem o uso da palavra *Deus* têm um argumento válido: se continuar a usar esta palavra, ela perderá a força para evocar o infinito e você se desviará para a idolatria e profanidade. O posicionamento maravilhoso e criterioso de Bonhoeffer sobre Deus ajuda-o a manter seu respeito religioso e devoção sem torná-lo um ser sobre-humano e antropomorfizá-lo. Deus está tão além de sua concepção e controle que é totalmente inadequado usar seu nome com uma conotação familiar.

Bonhoeffer nos deixa um paradoxo: "Diante de Deus e com Deus vivemos sem Deus". A palavra *Deus* é uma força aniquiladora. Em vez de nos dar um fantoche substituto para o divino, ele elimina qualquer definição sólida, segura e controlável de quem Deus é. A palavra atende a um propósito diferente e incomum: abolir qualquer certeza que você tenha ou possa esperar de um nome. Em vez de certeza, a palavra dá o vazio.

Imagine que você possa se treinar para ouvir a palavra *Deus* como um tipo de vazio, um nome para o que está presente, mas não fisicamente. Bonhoeffer quer que voltemos a um mundo completo por si só, sem necessidade de outra realidade sobrenatural. Ao mesmo tempo, ele não quer que nos entreguemos ao secularismo, à crença de que Deus não existe. O secularismo é asfixiante. Não há saída. Precisamos de Deus, e, ainda assim, Ele deve permanecer nos espaços silenciosos entre as palavras e nos momentos em que não encontramos a palavra certa.

Bonhoeffer quer as duas maneiras: com Deus e sem Deus. Quanto mais você tenta explicar isso, mais complexo todo o processo se torna. E, mesmo assim, é uma formulação importante: não podemos viver em um universo fechado, mas não podemos viver em um universo em que Deus esteja presente. A única forma de conseguir ambos é viver neste paradoxo de paradoxos, essa “verdade” vazia.

Douta Ignorância

Segui os caminhos de muitos ensinamentos diferentes para chegar aqui e não tive êxito até que, certo dia, enquanto estava no mar de volta da Grécia, fui levado a uma revelação por meio de, como eu diria, uma generosidade imensurável do pai das luzes, de quem as melhores dádivas sempre vêm. Fui dominado pelo incompreensível conhecimento da douta ignorância. Tive que ir além de verdades eternas apreendidas à maneira humana normal. Agora que expus essa ideia, que também é verdadeira, em dois livros, A Douta Ignorância *e* Conjecturas, *posso conferir-lhe foco e expandi-la.*

Nicolau De Cusa

Nicolau de Cusa (1401–1464) foi o James Joyce dos teólogos, sempre criando novas palavras e falando em imagens surpreendentes.

Na citação anterior, ele escreve sobre o "conhecimento incompreensível". O que é isso? Conhecer sem compreender? *A Douta Ignorância*, o título de sua obra mais famosa, é, em si, um oximoro, duas palavras que se anulam mutuamente. Em outro lugar, em latim, ele reúne *posse*, "ser possível", com *est*, "é". *Possest* significa que algo é possível e, ao mesmo tempo, é.

Outro livro, *Conjecturas*, oferece uma solução temporária a um problema que pode ou não ser correta e efetiva. A maioria das palavras-chave de Nicolau é envolta nesse círculo irreal de vazio, e seu valor e beleza residem nele. Elas oferecem uma ideia e depois a retiram. Elas aumentam a sua ignorância, que é o que ele, como professor, tentou fazer.

Ele enalteceu a *sacra ignorantia*, a ignorância sagrada. Uma cabeça vazia, talvez. Sem pensar. Sem intelectualizar tudo. Sem definições ou explicações para as coisas. Vivenciar o mundo sem decifrá-lo, deixando que ele entre em você e estando presente para ele. Esvaziando-se ao se tornar perdido no cosmos infinito ou pela infinita invasão de sua contemplação.

Nicolau disse que pensar que entendemos a base infinita das coisas é como olhar para um polígono, uma forma feita de linhas e ângulos, à distância, e perceber que é um círculo. De perto, você vê linhas retas e ângulos. Ele não tem curvas, mas oferece a ilusão de um círculo perfeitamente redondo. Eu costumava desenhar essas formas quando estava no ensino médio. Você pensa, diz Nicolau, que viu o infinito e sabe disso, mas o seu conhecimento é uma ilusão e está longe de ser perfeito. Talvez você seja afortunado o bastante para descobrir sua ignorância básica, e isso representaria um avanço.

Nicolau ensinou que cada um de nós deveria saber exatamente onde e como somos pessoalmente ignorantes. Não é apenas uma questão cultural ou um problema dos seres humanos em geral. Todos temos nosso próprio tipo de ignorância e podemos ter como meta de vida descobrir qual é — talvez uma total falta de compreensão sobre a possibilidade de uma presença infinita ou inteligência atuante no cosmos ou, certamente relacionado, sobre o que acontece após a morte.

Viver em um mundo sem alma, mecânico, explicado por uma ciência materialista, não é uma boa opção e, no entanto, é algo insanamente comum hoje em dia. As pessoas não sentem os muitos mistérios que enchem a experiência contemporânea, as questões não respondidas, as coisas estranhas que ocorrem na vida e as muitas pessoas inteligentes do passado que vivenciaram eventos estranhos e misteriosos? Não haver existência pessoal após a morte é algo definitivo? Todos os bilhões de pessoas que viveram na terra acreditando na vida após a morte estão erradas?

Eu estive em uma espécie de escola durante 75 anos. Em minha idade avançada, estou aprendendo a ser ignorante.

Não Possuir

Certo dia, Abu Muhammad, amigo e aluno do mestre Sufi Abu Sa'id, visitou-o em uma casa de banhos.

— Você gosta deste lugar? — o xeique perguntou.

— Gosto muito — Abu Muhammad respondeu.

— Por quê?

— Porque o senhor está aqui.

— Não, fale sério.

— Porque tudo de que precisa é um jarro de água para despejar em seu corpo e uma toalha para se secar, e essas coisas pertencem à casa de banhos.

MOJDEH BAYAT E MOHAMMAD ALI JAMNIA

Passei dos 13 aos 26 anos em uma ordem religiosa católica, os Servitas, levando um modo de vida intenso sob os votos de castidade, pobreza e obediência. Levávamos a vida com seriedade, devoção e felicidade. Castidade, como eu a entendia, não significava abdicar de sua sexualidade ou reprimi-la; significava não levar uma vida sexual ativa e não ter um relacionamento emocional especial com outra pessoa. Este voto importante, como os outros, servia ao espírito da comunidade. Obediência significava fazer o que as autoridades da comunidade decidiam ser melhor para ela. Significava prestar atenção ao que a comunidade precisava e renunciar às próprias necessidades. Pobreza não significava viver sem o essencial, mas moderar a propriedade e extravagância. Meus companheiros e eu dividíamos até objetos pessoais.

Não possuir um jarro de água e uma toalha para o banho era uma situação típica e característica na minha comunidade à época, e essa atitude emprestava à vida uma leveza e alívio ao ego, além de um sentido comunitário. Aprendi pela experiência diária que esvaziar a vida de seus bens e sua possessividade pode ser libertador. Há momentos em que eu desejava ter um rádio ou uma máquina de escrever (isso foi antes dos computadores), mas o voto não teria muito significado sem um toque ocasional de nosso tipo de pobreza.

Sinto que esses votos, que uma vez me ensinaram a viver em uma comunidade, continuam comigo como pai e marido. Fico satisfeito em partilhar as coisas que a família possui e, muitas vezes, prefiro ver meus filhos e minha esposa usufruírem de uma nova compra no meu lugar. Eu me lembro de meu contínuo voto de pobreza quase diariamente.

Mas a família não é a única área em que se pode praticar o espírito da pobreza. Em geral, pode-se parar de ver os bens como medida de sucesso ou felicidade. Pode-se simplificar e moderar o refinamento em sua vida. É possível aceitar arranjos mais simples em sua casa ou ser seletivo em como preencher a vida com coisas. William Morris, ativista social utópico, disse que devemos nos livrar de tudo que não seja belo. Essa é uma maneira de simplificar a questão.

O imaginativo crítico social Ivan Illich defendia um forte senso dos "comuns" — terra, construções e objetos reservados para uso da comunidade, como parques e transporte. Isso não é comunismo, que é extremo e total, mas uma partilha humanitária e moderada de certos recursos para o bem comum.

Sei, por experiência própria, que moderar o refinamento e a extravagância contribui para uma vida mais enriquecedora e prazerosa. Esse tipo de vazio torna a vida mais valiosa e agradável. Ela oferece uma alternativa ao desejo compulsivo por coisas, bugigangas e eletrônicos que distraem.

Recomendo que todos façam um voto de pobreza, apenas para amenizar os desejos e criar uma vida mais simples. É possível atingir esse objetivo mesmo com uma renda moderada ou elevada. Você pode ser mais generoso com seu dinheiro e seu tempo e dedicar menos atenção a aquisições pessoais. Seu espírito e sua alma se beneficiarão. Como ir à casa de banhos, não apenas para se lavar, mas para relaxar e ser saudável, ao mesmo tempo em que não se possui nada necessário para o banho.

Muitos Sapatos, Nenhum Pé

Durante a Segunda Guerra Mundial, uma milícia fascista em Budapeste, Hungria, pertencente ao Partido da Cruz Flechada, massacrou milhares de pessoas, muitas delas judias, ao longo do rio Danúbio. Eles instruíram as pessoas a tirarem os sapatos e então as executaram de modo que seus corpos caíssem na água e flutuassem para longe. Líderes heroicos suecos e espanhóis protegeram algumas pessoas ameaçadas e foram depois homenageados por seus atos corajosos. Raoul Wallenberg, em especial, é reverenciado por sua bravura ao ajudar pessoas a escapar de campos de extermínio. Em 2005, Can Togay, diretor de cinema, juntamente com o pintor Gyula Pauer, criou um memorial, colocando sessenta pares de sapatos vazios feitos de ferro às margens do Danúbio.

Há algo nos pés que revela a fragilidade da condição humana. E essa fragilidade leva ao sentimento da promessa da humanidade e da contribuição potencial de cada pessoa. Meditar sobre a atrocidade fascista na beira do Danúbio é ficar aturdido com o potencial da humanidade para a crueldade.

O que do lado de fora parece um caráter moral vazio de um movimento sombrio na história humana revela, na verdade, uma ausência do vazio que cria virtude e generosidade. Esses perpetradores de uma violência obscena estavam cheios de ilusões neuróticas de um complexo imenso, uma agenda de proporções massivas, que os tornaram perigosos. Os sapatos vazios mostram essa ausência de humanidade acolhedora, substituída por um dogma duro, imóvel e arraigado.

Contemplamos esses sapatos, imaginamos as vidas perdidas e sentimos o sofrimento infinito das pessoas tratadas sem apreço e dignidade. Podemos pensar, também, nas pessoas próximas a nós que se foram, provavelmente sem o sofrimento das vítimas do Danúbio, mas de quem, mesmo assim, sentimos falta. Lembro-me de explorar o armário de minha mãe após sua morte e notar os sapatos vazios que nunca mais seriam preenchidos.

Sapatos são tão rotineiros e aparentemente inconsequentes a ponto de serem ignorados e esquecidos. No entanto, eles revelam o caráter de um modo comparável a um rosto enrugado. O quadro de Van Gogh de seus sapatos gastos imediatamente nos lembra sua vida dura e suas dificuldades. Em tom semelhante está a prática ritual entre alguns seguidores de Jesus de representar as marcas de seus pés no chão depois de ascender ao céu. Certa vez, jantei em um convento de freiras onde a sobremesa foi um bolo ritual na forma das pegadas de Jesus no espesso glacê.

Quando você calça os sapatos de manhã ou os tira à noite, talvez se lembre da atrocidade no Danúbio e se dedique a melhorar o desenvolvimento moral da humanidade. Falo do aumento da moral, e não de moralismo. Os moralistas não são pessoas sensíveis. Eles pensam que todos devem ser iguais a eles e adotar os mesmos valores. Eles acham que sabem tudo e, como os nazistas, tentarão limpar o mundo, eliminando qualquer raça ou nacionalidade de que não gostem. Não, olhe para seus sapatos vazios e lembre-se de todas as pessoas na história que "desapareceram" porque, por motivos superficiais, alguém não gostava delas. Sapatos vazios são uma ocasião para renovar nossa dedicação a uma humanidade livre.

SEM MINGAU NA TIGELA

Era uma vez três ursos que moravam na floresta: Mamãe Urso, Papai Urso e o pequeno Bebê Urso. Eles tinham uma tigela de mingau, uma cadeira para sentar e uma cama para dormir, todos com o tamanho certo para cada urso. Certo dia, depois de fazer o mingau e encher as tigelas, eles saíram enquanto a refeição esfriava. Sabe, esses ursos da floresta são muito civilizados.

Enquanto os ursos estavam fora, uma menina que morava ali perto chamada Cachinhos Dourados passou e olhou pela janela da casa dos ursos. Ela não era tão educada. Entrou na casa e viu o mingau nas tigelas. Experimentou o mingau do Papai Urso e disse:

— Este mingau está muito quente.

Em seguida, experimentou o mingau da Mamãe Urso.

— Este está muito frio.

Finalmente, experimentou o do Bebê Urso e disse:

— Este está ótimo. — E comeu tudo.

A menina estava cansada da caminhada e decidiu sentar-se um pouco. Primeiro, sentou-se na cadeira do Papai Urso.

— Esta cadeira é muito alta — falou ela.

Então sentou na cadeira da Mamãe Urso e disse:

— Esta é muito grande.

Então sentou na cadeira do Bebê Urso e disse:

— Esta está ótima.

Mas quando se sentou na pequena cadeira, esta se quebrou.

Assim, decidiu deitar. Primeiro, escolheu a cama do Papai Urso.

— Esta cama é muito dura — disse ela.

Então experimentou a cama da Mamãe Urso e falou:

— Esta é macia demais.

Finalmente, deitou na cama do Bebê Urso.

— Esta é ótima — falou. E adormeceu.

Os ursos voltaram do passeio e foram comer mingau.

— Alguém comeu meu mingau — falou o Papai Urso.

— Alguém comeu meu mingau — disse a Mamãe Urso.

— Alguém comeu meu mingau todinho — reclamou o Bebê Urso, olhando a tigela vazia.

— Alguém sentou na minha cadeira — falou o Papai Urso.

— Alguém sentou na minha cadeira — disse a Mamãe Urso.

— Alguém sentou na minha cadeira, e ela quebrou — reclamou o Bebê Urso.

— Alguém dormiu na minha cama — falou o Papai Urso.

— Alguém dormiu na minha cama — disse a Mamãe Urso.

— Alguém dormiu na minha cama — reclamou o Bebê Urso — e continua nela!

Cachinhos Dourados acordou de repente, viu os ursos olhando para ela, pulou rapidamente a janela e deu no pé.

Pense na tigela vazia. Cachinhos Dourados comeu todo o mingau, e o Bebê Urso ficou sem nada para comer. Para entender o significado desta história simples, talvez seja útil saber que nas primeiras versões não foi uma jovem menina de cabelos dourados que invadiu a casa dos ursos, mas uma raposa, mais especificamente uma fêmea. A intrusa não era totalmente inocente, não era uma menina que apenas passava por ali. Talvez a aparente inocência de Cachinhos Dourados nos mostre que devemos ter cuidado quando se trata de jovens mulheres inocentes clássicas; elas podem ocultar muitas sombras sob os cabelos loiros. Ou, menos literalmente, em termos junguianos, Cachinhos Dourados é uma imagem arquetípica, a figura que perturba a perfeição familiar e arruína um ótimo dia. No entanto, sua ação tem um resultado nobre.

Neste caso, a tigela vazia mostra que a vida foi invadindo os planos agradáveis de uma família ideal, e o bebê perdeu coisas de que precisa: alimento, um lugar para sentar e uma cama, imagens de um lar e conforto. Os ursos ficam aborrecidos ao perceber que alguém mexeu em suas coisas, como se uma raposa tivesse entrado em um galinheiro.

A perfeição familiar geralmente não dura para sempre e raramente é perfeita. Alguma coisa ou alguém aparece para estragar a paz preternatural. Como psicoterapeuta, muitas vezes peço aos pacientes para contarem histórias da infância e, geralmente, encontramos algum elemento que destrói qualquer imagem de completa felicidade. Contei minha história sobre o afogamento, uma terrível intromissão da morte em um lindo dia de sol. Algumas pessoas relataram que um pai teve um acesso de raiva ou preferiram um irmão ou irmã como narradores.

Em outra história minha, fui dominado por um desejo incontrolável de sair de casa aos 13 anos e ir para um mosteiro com a ideia de me tornar padre. Era uma ideia dourada, mas me arrancou de minha família amorosa e acolhedora para sempre, muito jovem, e me deixou em uma vida emocionalmente fria e árdua por outros treze anos, até que fosse tarde demais para usufruir a juventude com meus familiares. Tive muitos benefícios com a vida como monge, mas, mesmo assim, a perfeição familiar foi estragada por algo que parecia repleto com a luz do sol. Tornei-me adulto, mas desde então ainda vejo a tigela de mingau vazia, minha maravilhosa grande família da qual desisti por um ideal dourado, loiro, passageiro. Talvez crescer seja isso, deixar o brilho de uma boa família, tornar-se parte de um mundo maior. Esse intruso — vida, anima, alma — estragou a perfeição da infância, mas também apresentou minha sorte e meu destino. Talvez fosse uma troca necessária, mas foi e ainda é dolorosa. Ainda choro por isso como o pequeno Bebê Urso.

O psicanalista Bruno Bettelheim, em seu famoso livro *O Uso do Encantamento*, fala sobre o final em que Cachinhos Dourados simplesmente pula a janela. Nenhuma decisão, nenhum crescimento. Mas, ao focar a tigela vazia, vejo um movimento psicológico na história. A tigela vazia sinaliza uma ameaça à vida feliz do Bebê Urso com a família, na qual recebe tudo de que precisa. O surgimento de Cachinhos Dourados, a garota loira e bela que invade e atrapalha a família, muda as coisas para o ursinho que vive em todos nós. Essa história se repete várias vezes em nossa vida, e nos dá a oportunidade de avançar e entrar de um jeito mais profundo e sofrido em nosso destino. A tigela vazia nos impulsiona para entrar na vida adulta.

Ao longo dos anos como terapeuta, descobri que é útil que a pessoa conte histórias sobre antigas intromissões e frustrações, eventos que abalaram o paraíso infantil e pais que descontaram as carências nos filhos. Às vezes, é a pessoa "dourada", alguém amado e desejado, que destrói a inocência e apresenta a maturidade.

O lar da família é, de fato, um lugar sagrado onde as crianças precisam de proteção, segurança, conforto e felicidade. Se quisermos um mundo de paz, temos que começar com famílias pacíficas e amorosas. No entanto, muitos pais não têm consciência de seu papel essencial e como se comportar de modo a dar aos filhos uma base sólida para a vida. Aparentemente, ser pai não é algo natural, principalmente para pessoas que tiveram uma vida com pais ruins — e isso corresponde à maioria. Não que todos os pais ajam errado, mas mesmo breves afastamentos da paz emocional podem afligir as crianças e essa aflição permanece com elas a vida toda.

Precisamos de muito mais educação, terapia e orientação para pais enquanto fazem o melhor para estar com os filhos por meio do desafio de fases emocionais e experiências que abalam as crianças e confundem os pais. Uma pessoa jovem, inocente — "dourada" — pode aparecer um dia e perturbar a rotina da família. Isso é inevitável. Como lidar com acontecimentos perturbadores é tarefa de pais conscientes.

Consiga Nada por Nada

Ponderai atentamente o que tendes ouvido! Pois com a medida com que tiverdes medido vos medirão igualmente a vós; e ainda mais vos será acrescentado! Porquanto, ao que tem mais se lhe dará; de quem não tem, até o que tem lhe será retirado.

O Reino de Deus é semelhante a um homem que lançou a semente sobre a terra. Enquanto ele dorme e acorda, durante noites e dias, a semente germina e cresce, embora ele desconheça como isso acontece. A terra por si mesma produz o fruto: primeiro surge a planta, depois a espiga, e, mais tarde, os grãos que enchem a espiga. Assim que as espigas amadurecem, o homem imediatamente lhes passa a foice, pois é chegado o tempo da colheita.

Com o que compararemos o Reino de Deus? Que parábola buscaremos para representá-lo? É como um grão de mostarda, que é a menor das sementes que se planta na terra. Porém, uma vez semeada, cresce e se transforma na maior das

hortaliças, com ramos tão grandes, a ponto de as aves do céu poderem abrigar-se sob a sua sombra.

EVANGELHO DE MARCOS

Na primavera passada, minha mulher semeou tomates. Geralmente, conseguimos plantas jovens com cerca de 45cm de altura. Ela me pedia para observar os pequenos brotos e, no final do verão, tínhamos tomateiros carregados de grandes tomates vermelhos se espalhando sobre nossa varanda.

Jesus usou a imagem de uma semente para descrever o reino, o tipo de vida que ele incentivava. Vejo esse reino como uma nova população no planeta dedicada ao amor e à comunidade mundial, curada da mancha humana do narcisismo e egoísmo e dedicada a curar o planeta e todas as criaturas que dele fazem parte.

É uma coisa pequena, essa ideia de amor comunal, no entanto, ela poderia transformar a terra por completo. É uma ideia em forma de semente, minúscula e, mesmo assim, capaz de se espalhar. Ao final dessa série de imagens, Jesus menciona a semente da mostarda, um ponto extremamente minúsculo, que também pode crescer e ficar grande a ponto de abrigar uma revoada de pássaros.

Em meio a essa conversa sobre o menor se tornar grande, Jesus diz algo difícil de assimilar: para pessoas que têm algo na vida, o reino lhes dará muito mais. Aquele que nada têm perderão o que têm. Mas como se pode perder o que você tem, se o que tem é nada?

John Dominic Crossan, especialista no Novo Testamento, ao comentar sobre esta misteriosa passagem, cita o poeta Zen

Bashô: “Se tiver uma vara, eu a darei a você. Se não tiver uma vara, eu a tirarei de você.” Crossan explica que Jesus está falando da forma mais radical possível quando diz que o reino desconstrói o mundo como o conhecemos. Mesmo que não tenha nada, isso será tirado de você.

Essas palavras extremas podem lembrá-lo do fim do Sutra do Coração: “ausente... realmente ausente.” Tão vazio quanto é possível ser. Mesmo que nada tenha que ser esvaziado, porque você pode muito bem ficar tentado a dar muita importância de seu conceito de vazio. A tarefa final é esvaziar o seu vazio.

Jesus oferece esperança e promessa, mas Ele também toma. Talvez por isso seus ensinamentos raramente foram aceitos e vivenciados em todo o seu fervor radical. Parece que a maioria das pessoas diz: “Este ensinamento é importante para mim, mas não vamos exagerar. Se eu realmente amasse todos os seres humanos, como poderia cuidar dos negócios? Essa ideia é ingênua.”

No reino de Jesus, essa “sabedoria” terrena não se aplica. Ela coloca uma pressão neurótica centrada no ego acima de um comprometimento radical ao amor. Para ser vazio, a crença religiosa não pode ser qualificada por preocupações práticas ou financeiras.

Por outro lado, não ter muito pode vir acompanhado por seu próprio tipo de orgulho: “A sua vida é fácil, mas eu tenho que me esforçar. Eu trabalho para cada pedacinho que eu tenho.” Talvez Jesus queira dizer, “No meu reino, você não poderá mais usufruir deste novo meio de vida com esse seu vazio neurótico. Até mesmo isso lhe será tirado”.

Jesus redefine o eu. Você não se torna alguém à custa de outro. Formar o ego é um processo de esvaziamento, não de plenitude. Você apenas descobrirá o seu eu se se perder. Acolchoar o ego, sustentá-lo e lhe dar certezas, tira a filosofia limpa e não adulterada de amar seu vizinho, quem quer que ele seja.

Emily Dickinson escreveu: "Não sou ninguém. Quem é você?" Esta é uma ótima pergunta. Você se define pelo que é, ou tem, ou conseguiu realizar? Ou você descobre quem é, de verdade, quando sofre uma perda?

Apenas lembre-se de manter até mesmo sua perda vazia. Não se glorifique nela. Não "compre" nada com ela. Não busque a compaixão dos outros. Não espere nenhum tratamento especial. Não exija uma recompensa. Se ela o esvaziar, mantenha esse esvaziamento. Não o destrua, transformando o seu vazio em alguma coisa.

O Espírito de Murphy

Infelizmente é chegado o momento nesta história em que é preciso tentar justificar a expressão o "espírito de Murphy"... O espírito de Murphy concebia-se como uma grande esfera oca, hermeticamente selada ao universo exterior. Isso não era um empobrecimento, pois não excluía nada que não contivesse. Nada nunca tinha sido, foi ou seria no universo fora dele, mas já estava presente como virtual, ou atual, ou virtual passando a atual, ou o atual passando a virtual, no universo em seu interior.

Samuel Beckett

Aos 32 anos, Samuel Beckett, escritor irlandês de peças, poemas e romances de vanguarda, publicou um romance divertido, filosófico e brilhante chamado *Murphy*. Ele representa o espírito de Murphy como uma esfera oca e descreve sua vida como repetidas tentativas de se libertar da carga da vida normal. Murphy se amarra à sua cadeira de balanço, uma metáfora para as limitações que sentimos quando tentamos levar a vida com liberdade. Mas Murphy, o personagem, também quer se ver livre de fazer qualquer coisa e de ir a qualquer lugar, então sente prazer na sujeição à cadeira de balanço. Ele morre por acidente devido a uma explosão de gás em seu apartamento e, em seu testamento, tinha manifestado que queria que suas cinzas fossem colocadas em um saco de papel e jogadas em um vaso sanitário no Abbey Theatre, durante uma peça. Murphy é o oposto da pessoa ambiciosa moderna, em busca da vida.

É preciso um certo tipo de sensibilidade, como a do próprio Murphy, para apreciar o humor e a ironia da história, pois Beckett nos oferece uma imagem do homem comum não muito inteligente. Murphy segue a tradição dos personagens cinematográficos O Gordo e o Magro, Charlie Chaplin e Buster Keaton, que representaram a humanidade com um espírito vazio e eram propensos a quedas e fracassos. Na verdade, Beckett escolheu Buster Keaton para representar o papel principal em seu único filme, chamado simplesmente de *Film*. A tarefa do personagem era evitar ser visto, invertendo a máxima filosófica "ser é ser visto" para "ser visto é ser". No filme, Keaton tenta desesperadamente evitar qualquer coisa que remotamente lembre um par de olhos. Ele foge de ser uma pessoa do mundo e não quer ser visto ou envolvido.

Toda a ironia e humor no retrato de Murphy, de Beckett, lembra-nos de que a maioria dos seres humanos não reflete muito e não se incomoda com as complexidades da lógica, da história ou da sabedoria acumulada dos séculos. O ser humano comum, que também é todos nós nos muitos momentos em que nos sujeitamos aos nossos apetites e temores, é exatamente Murphy, o espírito em uma esfera oca, uma vida oscilando entre o real e o virtual. A vida é cósmica enquanto sobrevivemos e, às vezes, prosperamos, apesar de nossa ignorância básica sobre o que fazemos e para que estamos aqui.

Essa ignorância básica é muito semelhante à "douta ignorância" de que falamos no capítulo sobre Nicolau de Cusa. Esse é o segundo tipo de espírito vazio e positivo que conhece seus limites e está aberto aos mistérios. A maioria de nós tem duas espécies de vazio de espírito: não refletimos o suficiente sobre o significado da vida e podemos ter momentos em que estamos abertos a novas descobertas e revelações. Em Murphy, a ignorância está perto da estupidez, o lado sombrio da abertura de espírito. Em todos nós, nossa estupidez nos mantêm em contato com o vazio mais espiritualmente profundo e proveitoso da mente.

Se você tem dificuldades com essa ideia, pense em como decisões e ações tolas nos fazem afundar em nossa humanidade básica. Muitas vezes, sentimo-nos muito inteligentes e sábios, certos demais sobre em que acreditamos, compreendemos e agimos. Muitas vezes, seria bom nos esvaziar de nossas certezas e conhecimentos preciosos. Murphy poderia ser nosso herói, alguém cujo espírito é uma "esfera oca" abençoadamente vazia, equilibrada em um pilar entre o que poderia ser e o que é.

Nicolau escreveu vários livros curtos com o título geral O Idiota, termo que em seu tempo se referia a uma pessoa sem instrução. Murphy é esse tipo de idiota. No livro de Nicolau intitulado *O Idiota de Mente*, a pessoa não instruída argumenta, de modo efetivo, com um destacado professor, que o ensina muitas coisas negligenciadas em sua educação. Indiretamente, Nicolau elogia certo tipo de ignorância que é abençoadamente livre da instrução superior, no entanto, cheia de sabedoria comum.

Beckett fez alusão semelhante em sua famosa peça *Esperando Godot*, em que um dos personagens principais tira o chapéu, olha em seu interior e não acha nada. Podemos ver que o chapéu é uma imagem da mente. Na peça, os personagens não sabem para onde vão ou de onde vieram. Nós, também, não sabemos de onde viemos e para onde vamos. Vivemos de suposições e palpites. A condição humana. O vazio fundamental da mente que talvez defendamos contra o acúmulo de informações, conhecimentos, habilidades e dados que agora nos sobrecarregam com seu volume. Ao adquirirmos tantos fatos e métodos, passamos a reclamar em demasia? Poderíamos escolher outro caminho, ver a sabedoria na mente vazia de Murphy e viver de modo diferente, talvez com mais sensualidade e intuição, correr mais riscos com um espírito aventureiro, viver por conjecturas do que pela ilusão de um conhecimento superior.

Sem Falar

Nasrudin tinha o hábito de proferir palestras todas as sextas-feiras à noite na mesquita local. Centenas de pessoas participavam porque apreciavam a capacidade do mulá de expressar ideias complexas em uma linguagem acessível e inspiradora. Certa noite, Nasrudin ficou diante da imensa multidão e perguntou:

— Quantos de vocês já me ouviram falar antes? Ergam as mãos.

Imediatamente, todos acenaram com entusiasmo, criando uma comoção incomum na mesquita.

— Bem — disse o Mulá —, se todos já me ouviram antes, não tem sentido eu falar esta noite.

Com essas palavras, ele saiu do aposento e foi para casa. As pessoas ficaram aborrecidas e se perguntaram o que tinham feito de errado.

Na sexta-feira seguinte, a multidão voltou, e mais uma vez Nasrudin ficou diante deles e olhou ao redor.

— Quantos de vocês já me ouviram falar antes? — ele perguntou. — Ergam as mãos.

Ora, as pessoas não eram bobas. Lembraram-se do que tinha acontecido na semana anterior e, espontaneamente, mantiveram as mãos abaixadas e ficaram em silêncio.

— Bem — disse o Mulá —, se nunca me ouviram falar, então possivelmente não entenderão o que tenho a dizer.

Com essas palavras, ele saiu da mesquita e foi para casa. Novamente, as pessoas ficaram desapontadas.

Na terceira semana, Nasrudin foi à mesquita e olhou para a multidão.

— Quantos de vocês já me ouviram falar antes? Ergam as mãos.

Desta vez, metade do grupo ergueu as mãos, e metade as manteve abaixadas.

— Ah — exclamou Nasrudin —, poderiam os que ergueram as mãos contar aos demais o que eu falei?

Com essas palavras, ele deixou a mesquita e foi para casa.

Aqui, temos uma história de um palestrante que não falou e um professor que não ensinou. Vazio de expressão. Realizar seu trabalho de um modo vazio.

Novamente, identificamos a antiga tradição de que, como o *Tao Te Ching* diz, "A pessoa que sabe não fala. A pessoa que não sabe fala". Ou o conto de Buda que, quando chegou a hora de ensinar, em vez de falar, ergueu uma flor. Essa flor se tornou o símbolo da inefabilidade das palavras de Buda e o estímulo a um movimento surpreendente na direção da prática espiritual enraizada no silêncio e contemplação, o Zen Budismo.

Não há dúvidas de que falamos muito sobre coisas misteriosas demais para serem expressas com palavras simples. A história do mundo poderia ser muito mais positiva se 99% dos sermões em todas as religiões e tradições espirituais não tivessem sido proferidos. Todo esse excesso de certeza, orgulho, apego, competitividade, especulação vazia, sentimentalismo, agressão, domínio, moralismo e dogmatismo, devoção frágil e opiniões hesitantes. Talvez 1% de todas essas palavras seja realmente valioso.

Para cada palavra sobre coisas importantes, precisamos de horas de contemplação e reflexão. E mais horas de estudo. Nasrudin não falou porque as pessoas ouviram as mesmas lições muitas vezes ou nunca realmente estudaram o material e não saberiam sobre o que ele estava falando. Seria melhor oferecer uma oportunidade para as pessoas falarem entre si, identificarem os problemas e encontrarem soluções e resoluções provisórias — suas próprias conjecturas.

De qualquer forma, ter uma grande multidão ansiosa pode ser um sinal de que as informações são muito populares, não desafiadoras o bastante, populistas, mas não boas para as pessoas. O mundo moderno parece dividido entre secularismo comprometido de um lado e entusiasmo espiritual altamente emocional do outro. Nenhum deles oferece um caminho ao sagrado e fundamentalmente significativo, para o sublime e o misterioso. Os dois se mantêm mutuamente populares, nenhum serve de inspiração e boa vida. Seria melhor para os palestrantes de ambos os lados se levantarem e irem para casa. Talvez esse seja um bom momento para esvaziar as igrejas, sinagogas, mesquitas, cabanas de suor e retiros espirituais — workshops, também.

A linguagem se cansa após séculos de uso. Depois de algum tempo, as mesmas velhas palavras continuam a ser ditas, mas é difícil lembrar seu significado vibrante e total. Por exemplo, é estranho que o cristianismo se baseie nas palavras simples e de fácil compreensão *amar uns aos outros*. Não há nada de misterioso nelas, e não há como negar que elas estejam no centro dos ensinamentos de Jesus. No entanto, é óbvio que as pessoas que professam sua crença nesses ensinamentos em alto tom e com ostentação não vivem de acordo com o princípio do amor. Você não diz, "Olhe, ali está um seguidor de Jesus. Ele realmente ama as pessoas". A palavra *amor* não mais simboliza, expressa ou tem significado. Ela está vaga, mas não vazia.

Está claro que é hora de os cristãos irem para casa e pararem de se reunir. Eles têm ouvido as mesmas palavras vezes demais. E os judeus, budistas e muçulmanos, também. É hora de ir para casa e ficar em silêncio. Deixe as palavras se recuperarem para poderem, mais uma vez, ter significado e fazer uma verdadeira diferença.

O Sapo Silencioso

O novo lago,
um sapo mergulha nele
— não houve som.
RYOKAN

Aqui está o famoso poema de Bashô que inspirou a resposta de Ryokan:

> Velho lago,
> Sapo mergulha nele
> Plop!

O original era bastante vazio, mas Ryokan, o poeta mais jovem, o esvazia ainda mais. Em vez de um *plop*, não temos nenhum som. Eu preferiria a tradução "Silêncio!" No original, podemos considerar que é mais que natural que se emita um som como *plop* quando um sapo salta em um lago. Muito Zen. Mas Ryokan imagina um sapo mais ágil, que não emite som algum ao entrar na água. É possível ser até mais vazio do que imaginamos.

Às vezes, falamos de uma pessoa que "faz um splash". Elas são barulhentas e se fazem notar. Outras pessoas prestam atenção. Elas não conseguem evitar notar que algo aconteceu, que alguém apareceu.

Uma das dádivas do vazio é o silêncio. Faça seu trabalho e leve a sua vida, enquanto ninguém na vizinhança escuta o *plop* de quando entra em cena. A tarefa é sua própria recompensa, enquanto silenciosamente assume seu lugar entre a torrente de eventos. Você não precisa emitir nenhum som a cada vez que entra na piscina da vida. É possível viver em silêncio, mas com competência.

Acho que é preciso atenção e consciência para não ser barulhento. Parece quase natural querer ser reconhecido e visto fazendo o que faz. Crianças adoram ser notadas nas menores proezas. Adultos gostam de pensar que estão acima de tais necessidades infantis, mas eles, também, anseiam por atenção e reconhecimento. Sempre achei importante reconhecer nossa necessidade de elogios e também de dá-los aos outros sempre que possível. Todos precisamos desesperadamente de reconhecimento, talvez porque no mundo moderno não é fácil se sentir visto e valorizado. Como terapeuta, muitas vezes ofereço às pessoas o reconhecimento que merecem, mas não recebem. Imediatamente, vejo-as relaxarem, sentindo-se mais seguras, prontas para um desafio.

Por outro lado, pode ser muito satisfatório fazer algo significativo sem nenhuma necessidade de reconhecimento. Lembro-me de certa vez quando estava na quarta série, que o professor me devolveu uma redação com uma nota dez escrita em vermelho vivo. Como sempre, eu estava entediado com a escola e, sem pensar, ergui o papel bem acima do meu rosto. O garoto sentado atrás de mim disse, "Sabemos que você tirou dez. Não precisa se gabar". Eu realmente não queria anunciar minha ótima nota, e fiquei triste e constrangido com a reação de meu colega. Foi como uma espécie de elogio ao contrário. Meu colega ficou ofendido ao ver o que achou ser exibicionismo. Mas eu estava indiferente à nota. Eu não gostava da escola. A nota não significou quase nada para mim.

Às vezes, você faz um *splash* e um *plop* sem intenção. Geralmente, eu sou subestimado. Não anseio por atenção ou recompensas. Não que eu seja humilde. Como palestrante público, eu me vanglorio com frequência. Mas fico pouco à vontade quando notado. Eu preferiria caminhar pelos campos verdejantes da vida em silêncio, sem emitir nenhum som, nenhum *plop*. Eu gostaria de ser o novo sapo, o que mergulha, mas não produz som algum. A vida é mais fácil assim.

O Sorriso Prolongado

O Gato apenas sorriu quando viu Alice. Parecia de boa índole, ela pensou, mas não deixava de ter garras muito longas e um número respeitável de dentes, por isso ela sentiu que devia ser tratado com respeito.

— Gatinho de Cheshire — começou, bem tímida, pois não tinha ideia de como ele gostaria de ser chamado. O Gato apenas arreganhou ainda mais o sorriso.

"Ufa, até aqui tudo bem", *pensou Alice.*

— Você poderia me dizer, por favor, para qual lado devo seguir?

— Isso depende bastante de onde você quer chegar — respondeu o Gato.

— O lugar não me importa — disse ela.

— Então também não importa para qual lado você vai — afirmou o Gato.

— Só me importa chegar a algum lugar — Alice se explicou.

— Você vai chegar a algum lugar — decretou o Gato. — Para isso, basta caminhar [...].

— Você jogará cróquete com a Rainha hoje?

— Eu adoraria, mas não fui convidada.

— Nos vemos lá — disse o Gato. — E desapareceu [...].

Ao dizer isso, avistou novamente o Gato de Sorriso, sentado em um galho de árvore.

— Você disse porco ou corpo? — perguntou o Gato.

— Disse porco — ela respondeu. — E gostaria que você não ficasse aparecendo e desaparecendo assim: deixa a gente zonza.

— Tudo bem — falou o Gato.

Desta vez, ele desapareceu bem devagar. Primeiro a ponta do rabo, por último o sorriso, que permaneceu um tempo depois que o resto já tinha ido embora.

"Eita! Eu já vi gato sem sorriso", *pensou Alice.* "Mas sorriso sem gato é a primeira vez! É a coisa mais curiosa que já vi em toda a minha vida!"

Lewis Carroll

Com o Gato de Cheshire, observamos um tipo de vazio que vem e vai e não é completo porque o sorriso permanece — se é possível imaginar tal coisa. Lewis Carroll tem um modo de fazer sua mente girar enquanto tenta imaginar como reais algumas das coisas impossíveis que retrata, como um sorriso sem um corpo. É um pouco como Alan Watts quando descreve a morte se levantando e perdendo seu colo. Às vezes, é difícil saber o que está presente e o que está meramente implícito.

Na história de Alice, o Gato de Cheshire dá informações à menina, acrescentando um elemento interessante a essa forma de vazio. Podemos ser guiados por alguma coisa ou alguém que está e não está lá, que deixa uma forte impressão atrás de si, mas não está fisicamente presente.

Presenças invisíveis representam um tipo importante de vazio, principalmente nas áreas mais importantes, como ser guiado e ter o senso de direção de alguém. Você precisa poder ver o sorriso, por assim dizer, depois que o gato se foi. É útil ver o invisível ou, pelo menos, o quase invisível.

O gato é semelhante a outros guias invisíveis como uma musa, um pressentimento, uma intuição ou um *daimon*. Eles parecem presentes, mas não totalmente. O *daimon* tem sido discutido há séculos e elogiado por W.B. Yeats, C.G. Jung, Rollo May e James Hillman. Os primeiros defensores do *daimon* foram os filósofos gregos Heráclito e Sócrates.

O *daimon* é uma presença invisível que você sente dentro de você, nas pessoas que encontra ou simplesmente no mundo. Eu vivencio meu *daimon* todos os dias, como quando tenho a verdadeira sensação, ao sair de casa, de que esqueci alguma coisa. Quase sempre eu me arrependo se não dou atenção a esse aviso. O *daimon* também faz sua presença sentida mais direta e seriamente, às vezes na forma de um amigo ou colega. Você ouve as palavras da pessoa ao seu lado, mas percebe que é o *daimon* falando.

Ele é apenas parcialmente visível — o sorriso do gato.

Certa vez, quando fui professor universitário, o chefe de meu departamento me disse que o corpo docente tinha votado para negar minha permanência.

— Você pode entrar com um recurso — disse ele imediatamente, como que para amenizar o golpe. Mas eu percebi o *daimon* em sua voz e soube que não haveria recurso. Minha vida estava prestes a tomar um rumo diferente.

Geralmente, o *daimon* não é visto no universo físico. Um pressentimento ou uma sensação de hesitação surgem de repente. O aviso é intuitivo, a inspiração, inesperada. As pessoas dizem que a presença inspiradora muitas vezes aparece no chuveiro, oferecendo ideias criativas não acessíveis em sua escrivaninha ou em uma poltrona. Alguns dizem que, predominantemente, o *daimon* alerta para o cometimento de um erro, mas outros sabem que ele também pode ser inspirador. O que é certo é a necessidade de obediência. É preciso obedecer ao *daimon* se quiser ter uma vida bem-sucedida. Ignore-o uma vez durante um curto tempo e até o contrarie, às vezes. Você sobreviverá. Mas se costuma se opor a ele, a sua vida será um grande erro, cheia de equívocos. Você se perguntará porque as coisas não deram certo, enquanto, ao mesmo tempo, o problema é não ter obedecido à voz, equivalente ao sorrido do Gato de Cheshire, que permanece quando toda a ajuda visível se foi.

Siga o Córrego

Seja leve em sua prática. Pense no método como um estreito córrego prateado, não uma cachoeira impetuosa. Siga o córrego, tenha fé em seu rumo. Ele seguirá seu caminho, serpenteante aqui, lento ali. Ele encontrará os sulcos, as fendas, as gretas. Apenas, siga-o. Nunca o perca de vista. Ele o levará.

Sheng-Yen

"Seja leve" é uma boa instrução do mestre Zen contemporâneo Sheng-yen, enquanto você aprende um método para o bem-estar espiritual e psicológico. Não tente com muito afinco. Não leve a sério demais. Não trate como se fosse a sua salvação.

Ser leve é um caminho na direção do vazio. Talvez a lição mais importante seja não forçar a sua vida. Não acredite que é mais inteligente e mais sábio que a própria vida, a fonte de sua própria existência. Você pode seguir em vez de conduzir. Pode obedecer em vez de exigir.

Esvazie-se da obstinação e intenção. Revisite a sua vida e veja como você tem sido conduzido à perfeição de sua vocação, sua natureza mais profunda. Você não o fez. Na verdade, não conquistou nada, se é que chegou a algum lugar. Você foi feito. Sua vida é uma dádiva e uma arte. Você foi criado pela sabedoria acumulada de insetos, borboletas e leões; árvores, relvas, flores; nuvens, chuva e neve. A sabedoria em tudo isso, inseparável de sua beleza, acumula-se em você. Você faz parte dessa lógica, o Logos do universo. Não é preciso forçá-la. A verdadeira capacidade está em seguir e obedecer.

Se há uma lição que se deve aprender, é seguir o córrego para onde ele for, serpenteante, bloqueado, ocasionalmente transbordando. Siga o córrego que é a fonte de sua vida. Reconheça o córrego que vem traçando a sua existência e criando a sua narrativa. Você nasceu desse córrego. Ele está em movimento, não é estático. Imprevisível, não preso a uma doutrina ou ensinamento.

Se alguém lhe perguntar que tipo de pessoa você é, responda: Eu fluo. Eu não sou o córrego de minha vida, mas ela encontra sua forma à medida que observo e confio nele. Não vou para onde quero; eu vou para onde o córrego me leva. Essa obediência me confere poder real. Se eu for aonde quiser, meu poder será mero controle, do qual não vale a pena falar.

Desenvolvi músculos para seguir e obedecer, não para criar e produzir. Tenho uma visão especial que, às vezes, me permite ver o córrego, para que eu saiba para onde estou indo. Minha confiança nele me dá segurança e identidade. Meu ser é forte, embora meu ser não tenha moldado a minha vida. Minha afeição pelo córrego deu definição e propósito à minha vida. Eu mesmo estou vazio, vazio o suficiente para poder seguir até mesmo um fio d'água escorrendo para fora do caminho.

Perder os Cabelos

Na luz do amanhecer, fiquei triste ao ver meus cabelos começarem a rarear;

Ao entardecer, fiquei triste ao ver meus cabelos quase desaparecerem.

Detestei pensar no dia em que o último fio cairia.

Agora, todos se foram, e isso não me incomoda.

Não preciso me preocupar em lavá-los e secá-los.

Nunca mais precisarei de um pente incômodo.

Melhor ainda, quando o tempo estiver quente e úmido,

Não terei um topete fazendo peso em minha testa.

Livrei-me de meu lenço de cabeça sujo.

Agora, guardo água fria em um jarro de prata.

Derramo um pouco, só uma xícara, na minha cabeça sem cabelos.

Sinto-me como que batizado nas águas do darma de Buda, enquanto me reclino para trás e usufruo essa lavagem fresca e agradável.

Agora entendo porque os sacerdotes encontram paz e libertam o coração ao raspar a cabeça.

Po Chu-I

Uma careca é algo comum e pode exigir alguma imaginação para ser vista como um símbolo de vazio sagrado. Mas o clássico poema de Po Chu-i, da China do século XIX, encara a cabeça sem cabelos como um sinal de iluminação. Ele não foi o primeiro poeta a fazê-lo. O Midrash, ou comentário sobre a Bíblia, descreve a perda de cabelo do profeta Jonas por causa do calor gerado no interior do ventre da baleia. Jung diz que as voltas e reviravoltas da jornada do herói geram calor que faz com que perca os cabelos.

Po Chu-i aprende que abrir mão dos cabelos é como ser um monge, cuja cabeça é tonsurada (deixado com um pequeno espaço calvo) ou raspada. Os cabelos podem ser vistos poeticamente como representando os produtos da mente — pensamentos, ideias, intenções, vontade. Na vida monástica, eles são dados para a vida comunitária ou os ensinamentos. O monge é treinado para esvaziar sua cabeça das distrações e até raspar suas preocupações.

No poema, Po Chu-i descobre principalmente que a vida é mais simples sem cabelos, mas também é mais espiritual, mais como a de um monge calvo. Nesta narrativa, encontramos outro aspecto do vazio: você descobre seu valor aos poucos, em etapas. Depois de um longo tempo, perceberá que isso é parte da vida de um monge e com isso terá mais seriedade espiritual.

Originalmente, Jonas tentou escapar às instruções de ajudar a cidade de Nínive e voltar à sua vida confortável. Ele resistiu à vontade dos céus, tentou evitar seu destino e foi para o mar. Foi então que se viu no interior quente do ventre da baleia e perdeu os cabelos. Sua "punição" foi, na verdade, a transformação em uma pessoa realmente temente a Deus. Ele descobriu o valor de seguir uma vontade maior, talvez a vontade da própria vida, para lhe dar um rumo significativo. Nesse sentido, todos somos Jonas, tentados a impor nossas insignificantes vontades, aprendendo do modo mais difícil que existe um projeto maior para nós. Precisamos perder nossos cabelos, nesse sentido, ficarmos com a cabeça vazia, calva, pronta para ouvir as palavras dos céus.

A vida fica mais fácil quando você se livra de sua rebeldia, mas o que é mais importante, descobre seu lado monástico. Você aprende a verdade amplamente desconhecida que todos somos chamados a sermos monges. Todos. Todos precisamos de uma tonsura e um corte, de moderar nossos muitos planos e desejos. Todos nos beneficiaríamos se permitíssemos que a vida nos moldasse para ser o que somos. E todos precisamos nos livrar dos "cabelos" em nossa cabeça, os pensamentos e ideias e complicações e lembranças, que nos afastam dos céus.

O povo Hopi, no sudoeste dos Estados Unidos, conta uma história de como seus ancestrais tinham uma pequena porta no alto da cabeça que podia ser aberta quando precisavam de orientação. Uma tonsura ou uma cabeça raspada é assim, simbolicamente. Você precisa manter a cabeça aberta à influência do lugar distante em que reside o infinito. Sua tarefa é manter a cabeça livre dos "cabelos" que o distraem para permanecer aberto à orientação. Uma cabeça sem cabelos é o sinal de uma espiritualidade superior pronta a ser inspirada.

A Loja de Curiosidades

Você não a encontrará no mapa, mas se for paciente e olhar com atenção, poderá ver o pequeno vilarejo de Pleasant Bay. A placa de boas-vindas diz que o vilarejo foi fundado em 1780. Fica perto da Rota 28, entre Orleans e Chatham, a meio caminho da península em forma de gancho de Cape Cod.

Minha prima Elizabeth conta uma história difícil de acreditar, e a conta com tamanha sinceridade e com olhos tão arregalados que é preciso levá-la a sério. Lembre-se, eu disse que você não encontrará Pleasant Bay em qualquer mapa, mas Elizabeth conta sobre sua primeira visita a ele, quando tinha 14 anos. Ela estava fazendo um trabalho sobre Squanto, o nativo americano que ajudou os colonizadores europeus quando chegaram a este continente. Squanto é conhecido por suas atividades na região de Pleasant Bay e de ter sido enterrado perto do vilarejo.

Elizabeth ficou na casa da tia Kitty, na extremidade de Pleasant Bay e, certo dia, andou pelas ruas pitorescas do vilarejo e tomou sorvete em um pequeno quiosque. Ela notou um prédio específico no centro da charmosa região comercial da cidade. A placa sobre a porta dizia, em letras antigas: LOJA DE CURIOSIDADES. *As vitrines estavam repletas de objetos fascinantes, como fantoches, veleiros em miniatura, máscaras assustadoras, livros e mapas antigos e roupas do século anterior, obviamente desenhadas para bailes e reuniões importantes. Em especial, ela notou um vestido de renda marfim exatamente do seu tamanho e gosto.*

Quando entrou na loja, imediatamente sentiu o cheiro úmido do piso de tábuas antigas e das paredes empapeladas e viu uma funcionária de óculos parada atrás de um antiquado balcão esculpido em madeira. Atrás da funcionária, e em toda a loja repleta de objetos, ela viu mais roupas imponentes, mas fora de moda, modelos de casas e pontes, marionetes de boca aberta e livros em todas as condições e sobre todos os temas.

Ela ia perguntar o preço do vestido de que gostou, mas a funcionária, uma mulher de meia-idade, vivaz, com faces rosadas e cabelos cor de vinho rosê, estava parada como uma estátua que olhava para a frente.

— Bom dia, poderia me dizer o preço do vestido marfim na vitrine? — perguntou Elizabeth.

A mulher pareceu despertar para a vida e sorriu para Elizabeth com sinceridade.

— O preço? — repetiu ela. — Não tem preço. Não colocamos preços nas coisas aqui. Se quiser esse vestido, ele é seu. Você só precisa realmente querê-lo.

— Mas eu não poderia aceitá-lo como um presente. Nós nem nos conhecemos.

— Mas estamos nos conhecendo, e, de qualquer forma, nossa loja se dedica a atender desejos, e não aceitamos nada em troca. Isso arruinaria a magia, não acha?

— Ah, sim — concordou Elizabeth, e prontamente a funcionária estava tirando o vestido da vitrine e começando a embrulhá-lo.

Elizabeth levou o pacote com o vestido adorado para casa e mostrou-o à tia.

— Como você comprou este vestido? — perguntou a tia. — Você não tem dinheiro para isso.

— Eu o achei em uma loja muito legal no vilarejo, onde você pode ter o que realmente deseja sem custo nenhum — isto é, sem dinheiro.

— No vilarejo? Não tem nenhum vilarejo em Pleasant Bay. Você deve estar falando de outro lugar. Esse que você falou parece ser Chatham.

— Por favor, venha comigo, e eu lhe mostrarei, tia Kitty.

Assim, Elizabeth e a tia andaram na mesma direção que a menina tinha tomado antes, mas quando chegaram àquele ponto da baía, não havia vila. Apenas uma área deserta perto da praia. Havia um pequeno prédio parecido como um velho chalé, e a fachada era parecida com a loja de curiosidades que

Elizabeth havia encontrado. Mas quando olharam as vitrines, descobriram que a casa estava vazia.

Uma jovem ruiva vinha da praia, e Elizabeth pareceu reconhecê-la, pelo menos um pouco.

— Há uma loja nesta área que vende miudezas e roupas antigas? — Elizabeth perguntou.

— Bem, não — a mulher respondeu —, mas engraçado, meu irmão tem pensado seriamente em abrir uma loja de curiosidades bem aqui, se a região ficar mais habitada. Ele até pensou em aumentar esse chalé velho.

— Mas agora está vazio, certo? — Não era uma pergunta à toa para a menina.

— Totalmente — a jovem confirmou.

No caminho para casa, a tia de Elizabeth disse:

— Você deve ter sonhado.

— Mas eu tenho o vestido. Você o viu.

— Estranho, não é? — a tia replicou.

Há uma estreita ligação entre os tipos de vazio que tornam a vida agradável e bem-sucedida, e os mistérios que aparecem vez ou outra em experiências corriqueiras. Quando fui à Irlanda para estudar filosofia aos 19 anos, logo depois de chegar, fiz uma caminhada ao longo de uma estrada do interior. Fiquei encantado com o lugar e sempre penso na Irlanda como um local encantado.

Enquanto caminhava, vi um conjunto de árvores — um matagal, como o chamam ali — com muros de pedra próximos a ele.

Era cativante, e saí da estrada e andei até lá. Então um homem baixinho e grisalho se aproximou de mim, como que saído do nada, e disse:

— Não se aproxime dessas árvores. É um forte de fadas, e elas certamente não têm boas intenções. Afaste-se.

Olhei para as árvores com mais atenção e me virei para dizer ao homem que não tinha medo, mas ele não estava mais lá. Voltei para a estrada e continuei a andar. Até hoje não sei se isso realmente aconteceu. Talvez fosse um sonho. Quando relembramos alguns fatos, há momentos em que é difícil saber se o que vivenciamos foi real ou um sonho.

Na história de Pleasant Bay, o chalé vazio no lugar de uma loja de curiosidades é um pouco chocante. O próprio vazio nos faz perguntar o que é real e o que é imaginário. Estamos sobre uma fronteira tênue entre dois universos diferentes, o mundo do sonho e o mundo dos fatos. A história sugere que a experiência do vazio pode nos levar a um lugar positivo, onde a vida se expande à possibilidade de uma realidade alternativa. A alternativa não precisa ser um fato, e o vestido de Elizabeth deixa claro que não há respostas ao problema do fato versus a imaginação. Só podemos nos perguntar com sinceridade e estarmos dispostos a manter a mente aberta às alternativas. Sem o chalé vazio, não encontraremos o caminho para o universo intermediário entre fato e imaginação. Isso seria uma situação triste.

O Prédio Vazio

Um obstetra, um antropólogo e um matemático estão comendo sentados na grama de um parque da cidade. Eles observam quando duas pessoas entram em um edifício do outro lado da rua. Logo depois, três pessoas saem de lá.

O obstetra fala:

— Eles devem ter tido um filho.

— Deve ser um erro estatístico — comenta o antropólogo.

Alguns minutos se passam e o matemático diz:

— Se mais uma pessoa entrar no edifício, ele vai ficar vazio.

Esta velha piada, contada de diversas maneiras, dá a ilusão de um mistério filosófico. Também dá a oportunidade de refletir sobre outra qualidade do vazio: ele pode ser atingido ao se acrescentar algo à situação. Afinal, muitas pessoas se ocupam entoando cantos ou escrevendo o Sutra do Coração em caligrafia para atingir o vazio.

O vazio também envolve um estranho tipo de cálculo e matemática. Apenas literalmente tirar as coisas nem sempre garante o vazio. Você pode levar uma vida confortável, ter muitas coisas que lhe dão prazer e conforto e, mesmo assim, ser vazio, principalmente no sentido de não estar muito apegado ou desejar mais. Por outro lado, uma pessoa pode não ter as coisas que deseja e ficar tão consumida pela vontade de tê-las e por um forte sentimento de necessidade que, simplesmente, não fica vazia.

Algumas pessoas experimentam a perda e esperam que os outros cuidem delas. Algumas gostam do papel da pessoa carente e se aproveitam disso. Outras simplesmente se orgulham de atingir o que consideram o vazio na meditação e no estilo de vida. Esse orgulho apaga todo o vazio da alma.

O vazio não trata só de adicionar e subtrair. O matemático não é especialista nisso. O vazio é mais uma atitude e uma qualidade do coração e do caráter.

Certo dia, visitei meu amigo James Hillman em sua casa. Ficamos um longo tempo na hidromassagem e conversamos como sonhadores sobre coisas pessoais e importantes. Em certo momento, ele apontou para o peito e disse com desdém:

— Olhe, eu tenho mamas. Não consigo me livrar delas.

James tinha uns 80 anos na época.

— Por que elas o incomodam? — perguntei. — Faz parte do envelhecimento. — James não parecia um velho e tinha um aspecto jovial. — Não acho que valha a pena se preocupar com isso — acrescentei. — Nas coisas que importam, você é notavelmente jovem. — Para mim, uma flacidez no peito era o caso de mais uma pessoa entrando na casa e deixando-a vazia.

Quando escrevi meu livrinho de meditações sobre a vida como monge, pessoas espirituais muitas vezes se veem tentadas por coisas que não reconhecem como tentações. Um monge pensa que é melhor que outras pessoas porque escolheu uma vida solitária. Pensar que você é melhor que os outros destrói o vazio. Às vezes, pensar que é pior que os outros tem o mesmo efeito. Seria melhor não pensar em nada nesse sentido.

Assim, não conte quantas coisas boas você tem para determinar se a sua vida é espiritualmente vazia. Contar não vai levá-lo até lá. Em vez disso, pense em como se sente por dentro. Você está livre do orgulho profundo e oculto e do esforço? Está apegado a chegar a algum lugar ou ser admirado pelo que tem realizado? Essas são perguntas melhores quando se quer avaliar o vazio espiritual. Mas mesmo elas precisam estar vazias e podem não ser tão importantes quanto parecem.

Posfácio

O vazio de que falamos de um modo um tanto misterioso é profundo e simples. Em questões espirituais, é a qualidade que surge quando você não está muito ligado às suas crenças e interpretações, quando não toma tudo literalmente, mas vê metáforas e imagens, e quando leva uma vida simples não carregada por posses e labuta. Na vida comum, o vazio pode significar arrumar a sua escrivaninha ou limpar a casa, livrar-se da desordem e desenvolver um claro senso de beleza. Pode significar não encher a vida de atividades, pessoas e metas. Você pode ficar vazio por dentro e por fora, no pensamento e no estilo de vida.

Talvez você note que costuma encher os vácuos que vêm com a perda. Talvez comece a comer demais ou comprar coisas de que não precisa ou gastar seu tempo em multidões para não sentir a solidão. Uma alternativa é entrever o vazio espiritual da perda e aceitá-lo, aproveitá-lo ao máximo e permitir que ele afete o seu caráter. Provavelmente, precisará esvaziar tanto quanto encher. Não é preciso encarar cada perda como uma tragédia. Ela pode fazer parte do ritmo natural da vida, que é acolher e deixar partir.

Quando aprender a valorizar o vazio como um tema positivo na vida diária, você se tornará um tipo diferente de pessoa. Talvez não fique tão ansioso quando as perdas surgirem. Você se ocupa apenas para evitar enfrentar o destino e suas emoções. Trabalhar excessivamente pode ser uma forma de evitar o verdadeiro trabalho. Você não realiza menos quando está ocupado do que quando age com calma e foca o que necessita ser feito. Estar ocupado é o oposto de ser ativo. Estar ocupado consiste em agir sem muito espaço para a reflexão e conversa, que são partes importantes de ser produtivo.

Então, quando as pessoas o conhecem, veem o vazio em seu modo relaxado e na ausência de ansiedade. É possível parecer mais saudável e mais acessível. Há espaços vazios dentro de você onde as pessoas podem entrar. Elas não vão sentir que estão incomodando ou interrompendo a sua atividade perpétua. Esse tipo de vazio pode melhorar relacionamentos e até casamentos.

Se você tem amplos oásis vazios em você, locais para se renovar e descansar, terá maior probabilidade de levar uma vida feliz. Se vir uma montanha fantástica ou um lago quando viajar, pare e fique sem fazer nada e observe. Se você vir uma criança com necessidade de atenção, pode parar o que estiver fazendo e ajudar. Se precisa apenas sentar-se em uma poltrona, não será tentado pelo hábito da hiperatividade para evitar um descanso bem-vindo.

Pense em sua vida como cheia de parques, praias e trilhas nas montanhas. Não estou falando literalmente, mas como metáforas de como você passa o dia. Ao ter janelas e portas em sua programação diária, não ficará confinado porque saberá o quanto é importante cultivar o vazio.

Também reserve algumas cadeiras vazias em seu coração e, quando pessoas aparecerem, haverá lugar para ficarem e serem recebidas com carinho. Guarde alguns espaços vazios em sua cabeça para que, quando surgir uma nova ideia, você possa refletir sobre ela. Fique vazio para que a vida possa acontecer.

O vazio pode ser uma realização espiritual profunda ou uma qualidade em sua vida convencional. Ambas estão relacionadas, porque uma simples hora de vazio pode chamar para uma percepção espiritual profunda. O Sutra do Coração pode ser seu principal recurso ao convidar o vazio para a sua vida — tudo pode ser vazio e, portanto, aberto a um amplo significado. Mesmo o próprio vazio pode ser vazio o suficiente para afetar a sua existência.

Agradecimentos

Meu interesse no conceito do vazio remonta a várias décadas, e começou com um estudo independente sobre religiões orientais com o professor Roy Amore, que me iniciou em uma direção erudita para expandir a mente. Depois, Huston Smith me convidou calorosamente para conhecer monges Zen que me ensinaram a ser vazio no meu dia a dia. Recentemente, Joan Hanley, minha esposa, conheceu uma comunidade Zen e me inspirou a enxergar todo o meu trabalho como vazio. Minha filha, Siobhán, compreende tudo isso e sempre me inspira com seu irmão, Abraham Bendheim, que me ajudou de muitas maneiras, principalmente neste livro.

Anos atrás, quando lecionava em uma universidade, eu jogava raquetebol com Fred Streng, que escreveu um livro clássico sobre o vazio. Entre uma batida e outra, eu lhe perguntava o que significava o "vazio". Geralmente ele respondia, "cooriginação dependente", que não me dizia muita coisa. Ele também detestava perder, e eu achava que sua atitude carecia de algum grau de vazio. Mas eu valorizava sua amizade e admirava sua erudição.

Outros, por meio de seus livros, me deram lições sobre o vazio, notadamente Shunryu Suzuki, Donald Lopez e David Chadwick. A comunicação de David comigo sempre é pontilhada com o vazio da perspicácia. Na mesma linha, eu gostaria agradecer a Ed Werner, que leva uma vida de generosidade exemplar com um toque Zen. Obrigado, também, ao meu amigo de sempre, Pat Toomay, cujo vazio parece vir de estar próximo à terra e aberto à orientação.

Finalmente, agradeço a Georgia Hughes e sua equipe da New World Library por seu profissionalismo simples — "simples" sendo uma forma amena de vazio. Sou especialmente grato a Kristen Cashman, editora.

Cada um desses orientadores e auxiliares demonstram como o vazio pode deixar a vida maravilhosa e eficiente.

Notas

p. vi *Estamos cercados por mistérios abundantes e férteis:* Henry David Thoreau, *I to Myself*, ed. Jeffrey S. Cramer (New Haven, CT: Yale University Press, 2007), 98-99.

p. 1 *Nasrudin era um líder espiritual e professor:* As histórias de Nasrudin em todo o livro foram adaptadas de Idries Shah, *Tales of the Dervishes* (Nova York: Dutton, 1967); James Fadiman & Robert Frager, *Essential Sufism* (Edison, NJ: Castle Books, 1997); e outras fontes informais.

p. 5 *Harakura era o professor-chefe de arco e flecha:* Adaptado de um conto folclórico japonês tradicional.

p. 11 *Um cubo de roda pode ter trinta raios: Tao Te Ching, 11*, adaptado de *Tao Te Ching*, trad. Gia-Fu Feng e Jane English com Toinette Lippe (Nova York: Vintage Books, 2011).

p.19 *O reino é como uma mulher que carrega um saco cheio de grãos:* Adaptado do *Evangelho de Tomé*, capítulo 97.

p. 25 *Uma noite tranquila atrás de minha cabana de palha:* Ryokan, em *Between the Floating Mist: Poems of Ryokan*, trad. Dennis Maloney e Hide Oshiro (Buffalo, NY: Springhouse Editions, 1992), n.p.

p. 29 *A verdadeira prática do zazen é sentar como se fosse beber água:* Shunryu Suzuki, *Zen Mind, Beginner's Mind*, ed. Trudy Dixon (Nova York: Weatherhill, 1973), 108-9.

p. 35 *ALGERNON: — Você cortou os sanduíches de pepino:* Oscar Wilde, *The Importance of Being Earnest: A Trivial Comedy for Serious People* (Londres: Leonard Smithers e Co., 1912), 2, 7, 20, 21.

p. 41 *Tristão, repousando confiante no seio dos poderes cósmicos:* Joseph Campbell, *The Masks of God: Creative Mythology (Nova York: Viking Press, 1968), 26-27.*

p. 43 *Deus deve, de um jeito ou de outro, criar espaço para si*: Pierre Teilhard de Chardin, *The Divine Milieu* (Nova York: Harper Perennial, 1975), 87.

p. 47 *No terceiro dia houve um casamento:* Thomas Moore, Gospel: *The Book of John*, trad. Thomas Moore (Nashville: Skylight Paths, 2018), 18-19.

p. 50 *Em um dos evangelhos alternativos: Acts of John*, trad. Richard I. Pervo e Julian V. Hills (Salem, OR: Polebridge Press, 2015) 94-97.

p. 53 O *rabino Elimelech de Lizhensk está sentado em sua carruagem:* Adaptado de um conto folclórico tradicional.

p. 57 *Somos deixados como vestígios*: James Hillman, *The Force of Character* (1999; repr. Nova York: Ballantine, 2000), 202.

p. 61 *O problema envolto em ansiedade sobre o que acontecerá comigo:* Alan Watts, *The Way of Zen* (1957; repr., Nova York: Vintage, 2011), 52.

p. 65 *Bem cedo, no primeiro dia da semana:* Thomas Moore, Evangelho: *O Livro de Lucas, trad. Thomas Moore (Nashville, TN: Skylight Paths, 2017) 170-71.*

p. 69 *Você ficará feliz quando parar de tentar ser feliz*: Adaptado de uma citação comumente atribuída a Zhuangzi.

p. 70 *Um faisão que desaparece entre os arbustos:* Wallace Stevens, "Adagia", II, em *Opus Psthumous* (Nova York, Vintage, 1989), 198.

p. 73 *Você tem uma vara de pesca para apanhar um peixe:* Adaptado de *The Complete Works of Chuang Tzu*, trad. Burton Watson (Nova York, Columbia University Press, 1968) 302.

p. 74 *Tomou o caminho menos usado:* Robert Frost, *The Road Not Taken*, Poetry Foundation, https://www.petryfoundation.org/poems/44272/the-road-not-taken. Acesso em: 22 de dezembro, 2022.

p. 75 *Pensaste que aquelas fossem as palavras:* Walt Whitman, "To the Sayers of Words", em *Poems by Walt Whitman*, ed. William Michael Rossetti (Londres: Chatto & Windus, 1901) 250.

p. 76 *James Hillman disse que as palavras são anjos:* James Hillman, *Re-visioning Psychology (Nova York: Harper Collins, 19975), 9.*

p. 80 *Ítaca deu-te a bela viagem:* C.P. Cavafy, *The Complete Poems of Cavafy*, trad. Rae Dalven (São Diego,CA: Harvest Mifflin Harcourt, 1976), 36-37.

p. 81 *Chegara a hora de o imperador se aposentar:* Adaptado de um conto folclórico chinês tradicional.

p. 85 *Tornei-me água / e me vi / uma miragem*: Binavi Badakhshâni, em *The Drunken Universe: An Anthology of Persian Sufi Poetry*, trad. Peter Lamborn Wilson e Nasrollah Pourjavady (Grand Rapids, MI: Phanes Press, 1987), 95.

p. 86 *É esquecimento ou absorção quando as coisas desaparecem*: Thomas Wentworth Higginson, "Emily Dickinson's Letters", *Atlantic Monthly, outubro, 1891, https://www.theatlantica.com/magazine/archive/1891/10/emily-dickinsons-letters/306524.*

p. 91 *Em um dia de verão, fiz uma visita:* Teishin, "Gone Away", em *Between the Floating Mist*, n.p.

p. 95 *A monja Zen Chiyono estudou Zen:* Adaptado de Paulo Repps, "Zen Flesh, Zen Bones", em *The World of Zen: An East-West Anthology*, ed. Nancy Wilson Ross (Nova York: Vintage Books, 1960), 77-78.

p. 99 *Somente quando esquecemos tudo o que aprendemos*: Henry David Thoreau, entrada do diário, 4 de outubro, 1859, em *I to Myself: An Annotated Selection from the Journal of Henry D. Thoreau*, ed. Jeffrey S. Cramer (New Haven, CT: Yale University Press, 2007) 404.

p. 100 *Saber o não saber é o bem superior:* Lao Tzu, *Tao Te Ching*, trad. David Hilton (Nova York: Counterpoint, 2000), 82.

p 103 *Um garotinho na China vai com a mãe:* Adaptado de Mu Xin, *An Empty Room*, trad. Toming Jun Liu (Nova York: New Directions, 2011), 7-13.

p. 105 *John Updike escreveu uma história comovente:* John Updike, "You'll Never Know, Dear, How Much I Love You", em *The Early Stories: 1953-1975* (2003; repr. Nova York: Random House, 2004), 3-6.

p.111 *Quan Yin / estava profundamente mergulhada na prática de atingir a sabedoria:* Esta é a versão do autor do Sutra do Coração, baseada na leitura de muitas traduções e estudos de cada palavra.

p. 117 *Deus permitiu que soubéssemos*: Dietrich Bonhoeffer, carta a Eberhard Bethge, 16 de julho, 1944, *Letters and Papers from Prison*, ed. Eberhard Bethge (Nova York: Collier Books, 1972), 360.

p. 121 *Segui os caminhos de muitos ensinamentos diferentes:* Nicolau de Cusa, adaptado de Pauline Moffitt Watts, *Nicolaus Cusanus: A Fifteenth-Century Vision of Man* (Leiden: E. J. Brill, 1982), 33.

p. 125 *Certo dia, Abu Muhammad:* Adaptado de Mojdeh Bayat e Mohammad Ali Jamnia, "Anecdotes of Abu Sa'id", em, *Tales from the Land of the Sufis* (1994; repr. Boston: Shambhala, 2001), 42.

p. 139 *Ponderai atentamente o que tendes ouvido! Pois com a medida com que tiverdes medido:* Thomas Moore, *Gospel: The Book of Mark*, trad. Thomas Moore (Nashville: Skylight Paths, 2017), 23.

p. 141 *Se tiver uma vara, eu a darei a você:* John Dominic Crossan, *In Parables* (1973; repr., Sonoma, CA: Polebridge Pressa, 1992, 2017), 23.

p. 142 *Não sou ninguém. Quem é você?*: Emily Dickinson, *The Complete Poems of Emily Dickinson*, ed. Thomas H. Johnson (Boston: Little, Brown, 1960), 133.

p. 143 *Infelizmente é chegado o momento nesta história*: Samuel Beckett, *Murphy* (Nova York: Grove Press, 1957) 107.

p. 151 *O novo lago, / um sapo mergulha nele / — nenhum som*: Ryokan, em *Between the Floating Mist*, n.p.

p. 151 Velho lago,/ Sapo mergulha nele / Plop!: Bashô, em *Between the Floating Mist*, n. p.

p. 155 *O Gato apenas sorriu quando viu Alice:* Lewis Carroll, *The Annotated Alice*, ed. Martin Gardner (Nova York: Clarkson N. Potter, Inc., 1960), 89-91.

p. 159 *Seja leve em sua prática:* Sheng-yen, em *Essential Zen*, ed. Kazuaki Tanahashi e Tensho David Schneider (São Francisco: Harper-SanFrancisco, 1994), 23.

p. 163 *Na luz do amanhecer, fiquei triste:* Adaptado de Arthur Waley, "On His Baldness", em *More Translations from the Chinese*, trad. Arthur Waley (Nova York: Knof, 1919), 84.

p. 175 *Meu livrinho de meditações sobre a vida como monge:* Thomas Moore, *Meditations: On the Monk Who Dwells in Daily Life* (Nova York: HarperCollins, 1994).

Sobre o Autor

Thomas Moore é autor de *Care of the Soul*, um best-seller na lista do *New York Times* durante quase um ano. Desde então, ele escreveu trinta livros sobre a alma, espiritualidade e psicologia profunda e viajou pelo mundo para lecionar e palestrar, recentemente online, em Roma, Brasil, Argentina, Romênia, Malta, Rússia, Sérvia, Estados Unidos e Canadá. Ele também trabalhou como psicoterapeuta nos últimos quarenta anos, influenciado principalmente por D. G. Jung e James Hillman, amigo íntimo por duas décadas. É formado em música e teologia e é pai e marido em uma família criativa que inclui a pintora Joan Hanley, a música Siobhán Moore (também conhecida como Ajeet) e o arquiteto Abraham Bendheim. Ele mora em New Hampshire.

Índice

W

Z